AF278126

VALORACIONES DEL LIBRO

«Es probable que la IA sea una de las mayores revoluciones tecnológicas y la forma en que nos adaptaremos a ella es todavía una gran incógnita. Esta relevante obra ofrece una de las primeras perspectivas reales del porvenir que tenemos ante nosotros, un futuro de posibilidades casi ilimitadas, pero también de nuevos y complejos retos».

—Sam Altman

«Una oportuna exploración de la relación entre la inteligencia artificial y el conocimiento, el poder y la política. Este libro nos obliga a reflexionar profundamente sobre el riesgo y el potencial de la IA para la humanidad».

—Bill Gates

«¿Cuál será el papel de los seres humanos en la era de la inteligencia artificial que se avecina? En sus últimos años de vida, Henry Kissinger se sumergió en el estudio de la IA y coescribió este libro junto a los tecnólogos Eric Schmidt y Craig Mundie. Aquí se halla una profunda reflexión sobre la forma de proteger la dignidad y los valores humanos en una era de máquinas autónomas».

—Walter Isaacson

«Kissinger, Mundie y Schmidt ofrecen las reflexiones más profundas que tenemos hasta la fecha sobre las oportunidades y los retos que plantea el inminente sistema global en forma de inteligencia artificial. Aquí los lectores descubrirán algo muy importante. Antes de que podamos plantearnos siquiera políticas para regular la IA, tendremos que desarrollar nuevas concepciones de la razón humana y de la propia humanidad. Este libro fue el último de Henry Kissinger y, probablemente, el más profético e importante. Es una obra de gran trascendencia».

—**Larry Summers**

«La próxima gran revolución tecnológica, la de la inteligencia artificial, ya se está produciendo. Mientras que gran parte de la conversación gira en torno a lo que la IA es capaz de hacer o adónde nos conducirá, este libro replantea brillantemente el debate: ¿cómo nos relacionaremos los seres humanos con la IA? ¿Cómo esta nueva explosión científica, emocionante y aterradora cambiará nuestra concepción de lo que significa ser humano? Teniendo en cuenta quiénes son sus autores, cabe esperar un libro muy profundo, y su resultado no es decepcionante».

—**Fareed Zakaria**

«Los autores de *Génesis* plantean cuestiones profundas que se responden mejor al dotar a las personas de herramientas, tecnologías inteligentes y agencia real para que tengan más confianza, capacidad y control».

—**Satya Nadella**

«Una lectura obligada para todas las personas que intenten reflexionar seriamente sobre los retos que plantea la IA. *Génesis* capta lo que sabemos —y, lo que es más importante, también lo que no— sobre los peligros que plantea el avance ilimitado de la IA. A partir de las lecciones aprendidas en la era nuclear, Kissinger y sus colegas nos advierten sobre el turbio camino que nos espera».

—Graham Allison

«Kissinger, Schmidt y Mundie han elaborado una hoja de ruta para navegar por nuestro futuro próximo, en el que sistemas de IA inimaginablemente poderosos y omnipresentes se han vuelto autónomos. Sus reflexiones sobre las implicaciones prácticas y filosóficas del primer encuentro de la humanidad con una inteligencia superior son aleccionadoras e inspiradoras, y nos desafían a replantearnos nuestra relación con la tecnología y nuestro lugar en el universo. *Génesis* es una lectura esencial para cualquiera que quiera entender cómo la IA reconfigurará nuestro mundo y qué es necesario para mantener nuestra humanidad en la era de las máquinas inteligentes».

—Ian Bremmer

«¿Qué significa la IA para el descubrimiento? ¿Para la verdad? ¿Para la seguridad, la prosperidad y la política? Al responder las preguntas anteriores, estos tres extraordinarios pensadores no temen (como es característico) abordar las cuestiones más importantes y profundas en torno a la tecnología dominante de nuestro tiempo. Épica en su alcance, vigorizante en su claridad y siempre arraigada en una profunda experiencia, se trata de una obra esencial».

—Mustafá Suleyman

«*Génesis* invita a la reflexión en el mejor de los sentidos: una exploración muy necesaria de las implicaciones de la IA para el progreso de la humanidad y de lo que nos hace humanos. También es una hoja de ruta sobre la forma de aprovechar las posibilidades de la IA, afrontar sus retos y, en última instancia, coexistir con máquinas inteligentes en esta nueva era».

—James Manyika

«La inteligencia artificial nos deja perplejos, lo que nos dificulta comprender tanto sus promesas como sus peligros. Resulta muy apropiado que el maestro de la "gran estrategia", Henry Kissinger, y sus dos magníficos coautores, Eric Schmidt y Craig Mundie, se hayan centrado en este tema en su último libro. *Génesis* es lo que nuestro mundo necesita leer hoy».

—Arthur C. Brooks

«Mientras intentamos navegar por un camino responsable hacia el futuro de la IA, este libro establece un marco esperanzador sobre la forma de coexistir mientras mantenemos vivo el significado de ser humano. En su última obra, Henry Kissinger, uno de los pensadores más influyentes de nuestro tiempo, se asocia con Eric Schmidt y Craig Mundie para adentrarnos en esta frontera sin precedentes y armonizar el crecimiento de la tecnología con la sabiduría necesaria para garantizar que, esta vez, se utilice para el bien de la humanidad. Es una lectura obligada para los responsables de la toma de decisiones, que somos todos nosotros».

—Condoleezza Rice

GÉNESIS

GÉNESIS

LA INTELIGENCIA ARTIFICIAL, LA ESPERANZA Y EL ESPÍRITU HUMANO

HENRY A. **KISSINGER**

CRAIG J. **MUNDIE**

ERIC **SCHMIDT**

CON ELEANOR RUNDE
PRÓLOGO DE NIALL FERGUSSON

Título original: *GENESIS. Artificial Intelligence, Hope, and The Human Spirit*
Publicado por primera vez en 2024 por Little, Brown and Company.

Primera edición en español: septiembre de 2025.

Reservados todos los derechos. El contenido de esta obra está protegido por la Ley, que establece penas de prisión y/o multas, además de las correspondientes indemnizaciones por daños y perjuicios, para quienes reprodujeren, plagiaren, distribuyeren o comunicaren públicamente, en todo o en parte, una obra literaria, artística o científica, o su transformación, interpretación o ejecución artística fijada en cualquier tipo de soporte o comunicada a través de cualquier medio, sin la preceptiva autorización.

Copyright © 2024, the Estate of Henry A. Kissinger, Craig J. Mundie, Eric Schmidt
All rights reserved.

© 2024 Niall Ferguson del prólogo
© 2025 Claudia Valdés-Miranda Cros de la traducción

© EDICIONES ANAYA MULTIMEDIA (GRUPO ANAYA, S.A.U.),
Madrid 2025
Valentín Beato, 21
28037 Madrid.
www.anayamultimedia.es

PAPEL DE FIBRA
CERTIFICADA

Depósito legal: M-7797-2025
ISBN: 978-84-415-5216-6
Impreso en España - Printed in Spain

Al Dr. Kissinger:
estadista, diplomático, mentor y amigo.
Le rendimos homenaje.

AGRADECIMIENTOS

Al dedicar este libro a la memoria del Dr. Henry A. Kissinger, nosotros, sus dos coautores, hemos querido rendir homenaje a la vez a sus impresionantes logros como estadista de renombre mundial, rendir tributo a la enorme amplitud y profundidad de su pensamiento estratégico —en ningún contexto más sorprendente que en su comprensión a mediados de los noventa de las complejidades de la inteligencia artificial (IA)— y, más personalmente, destacar la grandeza de quien fue también nuestro íntimo mentor y amigo.

En los párrafos que siguen reconocemos con gratitud a algunos de los muchos colegas y compañeros que nos han ayudado a concebir y preparar la ambiciosa investigación de este libro sobre la IA: un «asunto», en nuestras propias y urgentes palabras, «de la mayor importancia para el futuro de la humanidad».

Demis Hassabis, Dario Amodei, Daniel Huttenlocher, Graham Allison, Mustafá Suleyman, Maithra Raghu, James Mankiya, Reid Hoffman y Sam Altman han influido en nuestra opinión sobre este tema y, al mismo tiempo, nos han proporcionado información y conocimientos cruciales sobre sus implicaciones tecnológicas. Estamos en deuda con ellos.

Hay varios colaboradores esenciales que contribuyeron a redactar, revisar y dar forma al contenido del libro. Nancy Kissinger —«la inspiración de mi vida», como señaló con acierto su marido al dedicarle su penúltimo libro, *Liderazgo* (2022)— dedicó a este proyecto su inquebrantable, atenta y tierna vigilancia.

Eleanor Runde fue nuestra principal colaboradora profesional. Trasladó al papel sus extensas conversaciones con el Dr. Kissinger a lo largo de los años con gran elocuencia y erudición para, de este modo, establecer los cimientos, la estructura y los contenidos esenciales del libro. Posteriormente, en estrecha colaboración con su socio y amigo de confianza Neal Kozodoy, y con nosotros, los coautores, Eleanor sometió cada capítulo a su agudo dominio del detalle, su celosa fidelidad a la intención del autor, tanto en el texto como en el contexto, y a su sutil delicadeza editorial.

John Ferguson se incorporó al proyecto en su ecuador y amplió los argumentos del libro con energía y habilidad. Haciendo gala de una útil e inusual facilidad para la historia y la mitología, también animó la prosa. Gracias a nuestra tutoría y a su incansable colaboración, asumió un papel fundamental en el empeño por llevar el manuscrito del libro hasta el final.

En cuanto a los editores, por suerte heredamos Little, Brown, la empresa que unos años antes había publicado con éxito *The Age of AI*. Su editor ejecutivo, Alexander Littlefield, nos ayudó y alentó al tiempo que mostraba una —bien recibida por nosotros— insistencia en la claridad narrativa y una igualmente refrescante sensibilidad hacia los matices. También tuvimos la suerte de contar con las expertas atenciones de Michael Noon, editor de producción, y con el sólido asesoramiento estratégico de Robert D. Blackwill y Lyndsay Howard. Nuestro agente Andrew Wylie se encargó de la representación del libro. En todo momento J. Paul Bremer, albacea literario del Dr. Kissinger, y Joel Klein, autorizado a revisar y consultar las decisiones relativas a las obras en curso, demostraron ser guardianes incondicionales y profundamente informados del legado de su querido amigo.

En las fases finales de nuestra propia labor como coautores de este libro y para su comercialización y promoción, contamos con la inestimable ayuda del equipo de la oficina de Eric Schmidt, en especial de Janine Brady, Nathalie Bussemaker, Robert Esposito, Gabe Medina, Andrew Moore y Selina Xu, así como de Helen Dunn, Matthew Hiltzik y Madeleine Weast, de Hiltzik Strategies.

Theresa Amantea, Jody Williams y Jessee LePorin, quienes han continuado y ampliado desinteresadamente sus propias décadas de dedicado servicio al Dr. Kissinger, han sido indispensables hasta el final, y más allá.

SOBRE LOS AUTORES

Henry A. Kissinger nació en Alemania en 1923, sirvió en el ejército estadounidense durante la Segunda Guerra Mundial y enseñó historia y gobierno durante dos décadas en la Universidad de Harvard antes de convertirse en consejero de Seguridad Nacional y secretario de Estado en las administraciones de los presidentes Richard Nixon y Gerald Ford. Recibió el Premio Nobel de la Paz y la Medalla Presidencial de la Libertad, entre otros galardones, y fue autor de numerosas e influyentes obras sobre estadismo y relaciones internacionales, entre ellas *Liderazgo*, su trabajo más reciente. Además, escribió *La era de la inteligencia artificial y nuestro futuro humano* junto a Eric Schmidt y Daniel Huttenlocher, publicada por Anaya Multimedia. Hasta su fallecimiento en noviembre de 2023, fue un asesor muy solicitado por presidentes estadounidenses, así como por numerosos líderes y responsables políticos de todo el mundo.

Eric Schmidt es tecnólogo, empresario y filántropo. Se unió a los fundadores de Google en 2001 y ayudó a la empresa a convertirse en un líder mundial de la tecnología, primero como consejero delegado y presidente, y más tarde como presidente ejecutivo y asesor técnico. En 2021 fundó Special Competitive Studies Project, una iniciativa sin ánimo de lucro cuyo objetivo es reforzar la competitividad a largo plazo de Estados Unidos en IA y tecnología. Más recientemente, junto a su esposa Wendy, cofundó Schmidt Sciences, una organización sin ánimo de lucro que trabaja para impulsar el avance de la ciencia y la tecnología para profundizar en la comprensión humana del mundo natural y el desarrollo de soluciones a problemas globales.

Craig J. Mundie, presidente de Mundie & Associates, se incorporó a Microsoft en 1992 y se jubiló en 2014 como director de investigación y estrategia. Asesora a Microsoft en informática cuántica y ciberseguridad. Es director del Institute for Systems Biology, asesor tecnológico de la Cleveland Clinic y, además, es inversor y asesor en empresas emergentes de IA, biotecnología, energía de fusión y materiales. Trabajó para los presidentes Clinton, Bush y Obama en el Consejo Asesor de Telecomunicaciones de Seguridad Nacional y en el Consejo de Asesores de Ciencia y Tecnología. Entre sus distinciones figura un doctorado en Ingeniería por el Instituto Politécnico de Rensselaer.

OTROS TÍTULOS DE LOS AUTORES

HENRY A. KISSINGER

*Un mundo restaurado: la política del conservadurismo
en una época revolucionaria*

Armas nucleares y política internacional

The Necessity for Choice: Prospects of American Foreign Policy

White House Years

Years of Upheaval

La diplomacia

Years of Renewal

*Does America Need a Foreign Policy? Toward a Diplomacy
for the 21st Century*

*Ending the Vietnam War: A History of America's Involvement in
and Extrication from the Vietnam War*

Crisis: The Anatomy of Two Major Foreign Policy Crises

China

*Orden mundial: Reflexiones sobre el carácter de las naciones
y el curso de la historia*

La era de la inteligencia artificial y nuestro futuro humano
(junto a Daniel P. Huttenlocher y Eric Schmidt)

Liderazgo: Seis estudios sobre estrategia mundial

ERIC SCHMIDT

The New Digital Age: Transforming Nations, Businesses, and Our Lives

How Google Works

*El coach de Silicon Valley: Lecciones de liderazgo del legendario
coach de negocios Bill Campbell*

La era de la inteligencia artificial y nuestro futuro humano
(junto a Daniel P. Huttenlocher y Henry Kissinger)

CONTENIDO

PRÓLOGO

Niall Ferguson

C UANDO, EN JUNIO DE 2018, Henry Kissinger publicó su ensayo «How the Enlightenment Ends» [Cómo termina la Ilustración] en *The Atlantic*, a mucha gente le sorprendió que el estadista por excelencia tuviera una opinión relacionada con el tema de la inteligencia artificial. Kissinger acababa de cumplir 95 años. La IA aún no era el tema candente en el que se convertiría tras el lanzamiento de ChatGPT por parte de OpenAI a finales de 2022.

Sin embargo, como biógrafo de Kissinger, me pareció bastante natural que el tema de la IA acaparara su atención. Al fin y al cabo, Kissinger saltó a la fama en 1957 con un libro sobre una tecnología nueva que cambiaría el mundo. *Armas nucleares y política exterior* fue el fruto de una investigación tan minuciosa que obtuvo incluso la aprobación de Robert Oppenheimer, quien lo describió como «de una erudición extraordinaria, sin parangón en el ámbito del armamento nuclear... riguroso en su respeto por los hechos y, al mismo tiempo, apasionado y contundente en sus razonamientos».

Aunque, como estudiante de doctorado, Kissinger se había sumergido en la historia diplomática de la Europa de principios del siglo XIX, durante toda su carrera fue muy consciente de que los eternos patrones de la política de las grandes potencias estaban sujetos a alteraciones periódicas por el cambio tecnológico. Como tantos otros miembros de su generación que sirvieron en la Segunda Guerra Mundial, había visto por sí mismo no solo la muerte y la destrucción masivas que podían infligir las armas modernas, sino también las terribles consecuencias para sus compatriotas judíos de lo que Churchill definió de manera muy memorable como la «ciencia pervertida» del Tercer Reich de Hitler.

En contraste con su injustificada reputación de belicista, Kissinger estuvo fuertemente motivado durante toda su vida adulta por el imperativo de evitar la Tercera Guerra Mundial, la ampliamente temida consecuencia de que se caldeara la Guerra Fría entre Estados Unidos y la Unión Soviética. Comprendía perfectamente que la tecnología de la fisión nuclear convertiría otra guerra mundial en una conflagración mucho peor que la Segunda Guerra Mundial. Al principio de *Armas nucleares y política exterior*, Kissinger calculó los efectos destructivos de una bomba de diez megatones lanzada sobre Nueva York y luego extrapoló que un ataque total soviético sobre las cincuenta ciudades más grandes de Estados Unidos mataría a entre 15 y 20 millones de personas y lesionaría a otros 20-25 millones. De cinco a diez millones morirían por los efectos de la lluvia radiactiva, mientras que quizá de siete a diez millones más enfermarían.

Los que sobrevivieran se enfrentarían a la «desintegración social». Incluso después de un ataque así, señaló, Estados Unidos sería capaz de provocar una devastación comparable a la Unión Soviética. La conclusión era obvia: «En adelante, el único resultado de una guerra total sería que ambos contendientes perderían». No habría ningún ganador en un conflicto así, sostenía Kissinger en su ensayo de 1957 «Strategy and Organization» [Estrategia y organización], «porque incluso el bando más débil podría ser capaz de infligir un grado de destrucción que ninguna sociedad podría soportar».

Sin embargo, el idealismo juvenil de Kissinger no lo convirtió en un pacifista. En *Armas nucleares y política exterior*, fue bastante explícito al afirmar que «no es probable que los horrores de la guerra nuclear se eviten mediante una reducción del armamento nuclear» o, para el caso, mediante sistemas de inspección de armas. La cuestión no era si la guerra podía evitarse por completo, sino si era «posible imaginar aplicaciones del poder menos catastróficas que una guerra termonuclear total». Porque, si no fuera posible, entonces sería muy difícil para Estados Unidos y sus aliados prevalecer en la Guerra Fría. «La ausencia de reglas compartidas sobre hasta dónde puede llegar la guerra —advirtió Kissinger en «Controls, Inspections, and Limited War» [Controles, inspecciones y guerra limitada], un ensayo publicado en *The Reporter*— socava el marco psicológico de la resistencia a los movimientos comunistas. Cuando la guerra se considera equivalente al suicidio nacional, la rendición puede parecer el menor de los males».

Fue sobre esta base que Kissinger avanzó su doctrina de la guerra nuclear limitada, tal como expuso en «Strategy and Organization»:

Ante el ominoso telón de fondo de la devastación termonuclear, el objetivo de la guerra ya no puede ser la victoria militar tal como la hemos conocido hasta ahora. Más bien debe ser la consecución de ciertas condiciones políticas específicas plenamente comprendidas por el adversario. El propósito de la guerra limitada es infligir pérdidas o plantear al enemigo riesgos desproporcionados en relación con los objetivos en disputa. Cuanto más moderado sea el objetivo, menos violenta será probablemente la guerra.

Para ello sería necesario comprender la psicología del otro bando, así como su capacidad militar.

En su momento, mucha gente retrocedió ante la —en apariencia— fría contemplación de Kissinger de una guerra nuclear limitada. Algunos académicos, como Thomas Schelling, cuestionaron que pudiera evitarse una escalada imparable; incluso el propio Kissinger se distanció más tarde de su propio argumento. Sin embargo, ambas superpotencias siguieron construyendo y desplegando armas nucleares tácticas o de combate, en consonancia precisamente con la lógica esbozada por Kissinger en *Armas nucleares y política exterior*. La guerra nuclear limitada podría no haber funcionado en teoría, pero los planificadores militares de ambos bandos se comportaron como si fuera posible en la práctica (de hecho, tales armas existen hoy en día: el Gobierno ruso ha amenazado con usarlas en más de una ocasión desde que se empantanó su invasión a Ucrania). El joven Kissinger tenía más razón sobre las armas nucleares de lo que incluso él mismo llegó a creer.

Kissinger nunca dejó de reflexionar sobre las implicaciones del cambio tecnológico en el ámbito político. En un documento olvidado hace mucho tiempo que escribió para Nelson Rockefeller en enero de 1968, analizó las formas en que la informatización ayudaría a los funcionarios a hacer frente al flujo cada vez mayor de información generada por las agencias gubernamentales estadounidenses. En su opinión, los altos funcionarios corrían el grave peligro de ahogarse en datos. «El máximo responsable político —escribió— tiene tanta información a su disposición que le resulta imposible afrontarla en situaciones de crisis». Los responsables de la toma de decisiones debían ser «informados sistemáticamente sobre los posibles puntos conflictivos —argumentaba, mientras incluía dichos puntos— incluso cuando no se les haya asignado la máxima prioridad». También era necesario proporcionarles «un abanico de opciones de actuación que detallara las principales alternativas ante escenarios previsibles, para evaluar las posibles consecuencias —nacionales e internacionales— de cada una».

Para lograr una cobertura tan completa, reconoció Kissinger, serían necesarias grandes inversiones en programación, almacenamiento, recuperación y gráficos. Por suerte, ya existía la «tecnología de hardware» para llevar a cabo estas cuatro funciones:

Ahora en Estados Unidos podemos almacenar varios cientos de datos sobre cada individuo en una sola cinta magnética de 730 metros... Los ordenadores de tercera generación ya son capaces de realizar operaciones básicas en nanosegundos, es decir, en milmillonésimas de segundo... Los sistemas experimentales de *time-sharing* han demostrado que es posible dotar a los grandes ordenadores digitales de capacidad de acceso múltiple, lo que permite la entrada y salida de información desde estaciones ejecutivas y operativas distribuidas por todo el mundo... Y, en breve, existirán pantallas de tubos de rayos catódicos en color para la salida de datos del ordenador.

Más tarde, tras su primer año en la Casa Blanca como consejero de Seguridad Nacional de Richard Nixon, intentó obtener un ordenador de este tipo para su propio uso. La CIA denegó la solicitud, presumiblemente porque «un Kissinger sin ordenador» era lo máximo que la comunidad de inteligencia podía soportar.

Henry Kissinger nunca se retiró. Ni tampoco dejó de preocuparse por el futuro de la humanidad. Un hombre así difícilmente habría ignorado uno de los avances tecnológicos más importantes del final de su vida: el desarrollo y despliegue de la inteligencia artificial generativa. De hecho, la tarea de comprender las implicaciones de esta tecnología naciente consumió una parte significativa de sus últimos años.

Escribió su última obra, *Génesis*, junto con dos eminentes tecnólogos, Craig Mundie y Eric Schmidt, y dicho volumen lleva la impronta del optimismo innato de estos innovadores.

Los autores esperan «una evolución del *Homo technicus*, una especie humana que, en esta nueva era, podría vivir en simbiosis con la tecnología de las máquinas». La IA, afirman, podría aprovecharse pronto para «generar una nueva base de riqueza y bienestar humanos... [que] al menos aliviaría, o tal vez eliminaría, las tensiones laborales, de clase y de conflicto que han desgarrado a la humanidad hasta ahora». La adopción de la inteligencia artificial podría provocar «profundos procesos de igualación... en función de la raza, el sexo, la nacionalidad, el lugar de nacimiento y el entorno familiar».

Sin embargo, la aportación del más veterano de los autores se detecta en la serie de advertencias que constituyen el *leitmotiv* del libro. «El advenimiento de la inteligencia artificial es —observan los autores— una cuestión de supervivencia humana... Una IA mal controlada… podría acumular conocimientos de forma destructiva…». Reformulada para adaptarla a esta obra, pero reconocible de inmediato, está la pregunta original de Kissinger de su ensayo publicado en 2018 en *The Atlantic*: «How the Enlightenment Ends»:

> La capacidad objetiva [de la IA] para llegar a conclusiones nuevas y precisas sobre nuestro mundo mediante métodos no humanos no solo altera nuestra confianza en el método científico, tal como se ha entendido y aplicado durante los últimos cinco siglos, sino que también pone en tela de juicio nuestra pretensión de tener un conocimiento exclusivo o único de la realidad.
>
> ¿Qué puede significar esto? ¿Acaso la era de la inteligencia artificial no solo hará avanzar a la humanidad, sino que catalizará el regreso a la aceptación premoderna de una autoridad inexplicable? En resumen, ¿estamos —o podríamos estar— en la antesala de un gran cambio en la cognición humana, una especie de oscura ilustración?

En lo que a este lector le pareció la sección más impactante del libro, los autores contemplan una carrera armamentística de la IA profundamente preocupante. «Si… cada sociedad humana desea maximizar su posición unilateral —escriben los autores—, entonces se darían las condiciones para una contienda psicológica entre fuerzas militares y agencias de inteligencia rivales, a la que la humanidad nunca se ha enfrentado antes. Hoy, en los años, meses, semanas y días previos a la llegada de la primera superinteligencia, nos aguarda un dilema de seguridad de naturaleza existencial».

Si ya estamos asistiendo a «una competición por alcanzar una inteligencia única, perfecta e incuestionablemente dominante», ¿cuáles son los resultados probables? Los autores prevén seis escenarios y, según mis cálculos, ninguno de ellos resulta tentador:

1. La humanidad perderá el control de una carrera existencial entre múltiples actores atrapados en un dilema de seguridad.
2. La humanidad pagará las consecuencias si un vencedor impone su hegemonía absoluta sin verse limitado por los contrapesos tradicionales que aseguran un mínimo de seguridad para los demás.
3. No habrá una única IA suprema, sino múltiples instancias de inteligencia superior en el mundo.
4. Las empresas propietarias y desarrolladoras de IA podrían acumular un poder social, económico, militar y político totalizador.
5. La IA podría encontrar su mayor relevancia y su expresión más extendida y duradera en las estructuras religiosas, en vez de hacerlo en estructuras nacionales.
6. La difusión incontrolada y de código abierto de la nueva tecnología podría dar lugar a bandas o tribus pequeñas con una capacidad de IA inferior pero aún significativa.

Kissinger estaba profundamente preocupado por escenarios como estos, y su esfuerzo por evitarlos no terminó con la redacción de este libro. No es ningún secreto que el último esfuerzo de su vida —que minó las fuerzas que le quedaban en los meses posteriores a su centenario— fue iniciar un proceso de conversaciones sobre la limitación de armas relacionadas con la IA entre Estados Unidos y China, precisamente con la esperanza de evitar tales resultados distópicos.

La conclusión de *Génesis* es inequívocamente «kissingeriana»:

Lo que algunos ven como un ancla para estabilizarnos en la tormenta, a otros les parece una correa que nos retiene. Lo que algunos alaban como pasos necesarios hacia la cima del potencial humano, otros lo asumen como una carrera precipitada hacia el abismo.

En este caso, las divergencias emocionales instintivas —y las líneas subjetivas que trazan todas las partes— crearán una situación impredecible y combustible. Las posiciones cada vez más marcadas de «ganadores» y «perdedores» potenciales intensificarán la presión de estas circunstancias. Los temerosos frenarán su propio desarrollo y sabotearán el de los demás. Los demasiado confiados disimularán sus poderes y, en secreto, acelerarán su trabajo. La cronología de las crisis venideras se acelerará más allá de cualquier experiencia previa; seremos engullidos a toda velocidad y no está claro si sobreviviremos a esta circunstancia ni cómo lograremos hacerlo.

La respuesta habitual de los tecnólogos a estos presentimientos es recordarnos los beneficios tangibles de la IA, que ya son muy evidentes en el ámbito de la ciencia médica. Y no estoy en desacuerdo. En mi opinión, AlphaFold —un modelo basado en redes neuronales que predice estructuras tridimensionales de proteínas— fue un avance mucho más importante que ChatGPT. Sin embargo, la ciencia médica realizó avances comparables en el siglo XX. A pesar de ello, se produjeron las guerras mundiales y el Holocausto, a pesar del descubrimiento de antibióticos, nuevas vacunas e innumerables terapias que se pusieron a disposición de toda la población.

El problema central del progreso tecnológico se manifestó en vida de Henry Kissinger. La fisión nuclear fue descubierta en Berlín por dos químicos alemanes, Otto Hahn y Fritz Strassmann, en 1938. Fue explicada teóricamente (y bautizada) por los físicos de origen austriaco Lise Meitner y su sobrino Otto Robert Frisch en 1939. La posibilidad de una reacción nuclear en cadena, que condujera a «la producción a gran escala de energía y elementos radiactivos y, por desgracia, también quizás a bombas atómicas», fue una idea del físico húngaro Leó Szilárd. En aquella época también se reconoció la posibilidad de que dicha reacción en cadena pudiera aprovecharse en un reactor nuclear para generar calor. Sin embargo, se tardó poco más de cinco años en construir la primera bomba atómica, mientras que la primera central nuclear no se inauguró hasta 1951.

Pregúntese: ¿Qué es lo que más se ha producido en los últimos ochenta años: cabezas o centrales nucleares? Hoy en día existen aproximadamente 12 500 cabezas nucleares en el mundo, cifra que se incrementa constantemente en la medida en que China aumenta su arsenal nuclear a toda velocidad. En cambio, solo hay 436 reactores nucleares en funcionamiento. En términos absolutos, la generación de electricidad nuclear alcanzó su punto álgido en 2006; el porcentaje de la producción mundial de electricidad que corresponde a la energía nuclear se redujo del 15,5 % en 1996 al 8,6 % en 2022, en parte como consecuencia de las reacciones políticas exageradas ante un pequeño número de accidentes nucleares cuyos efectos sobre la salud humana y el medio ambiente fueron insignificantes en comparación con los efectos de las emisiones de dióxido de carbono procedentes de los combustibles fósiles.

La lección de la vida de Henry Kissinger es clara: los avances tecnológicos pueden tener consecuencias benignas o malignas, según cómo decidamos explotarlos como colectivo. La inteligencia artificial es, por supuesto, diferente de la fisión nuclear en muchos aspectos. Pero sería un grave error suponer que destinaremos esta nueva tecnología más a fines productivos que a otros potencialmente destructivos.

Fue este tipo de visión, nacida de la experiencia histórica y personal, lo que inspiró a Henry Kissinger a dedicar gran parte de su vida al estudio del orden mundial y a evitar una guerra mundial, lo que hizo que reaccionara con tal presteza —y preocupación— ante los recientes avances de la inteligencia artificial. Y es por ello por lo que esta publicación póstuma es tan importante como todo lo que escribió en el curso de su larga y trascendental vida.

OXFORD, julio de 2024

EN MEMORIA DE HENRY A. KISSINGER

E L 29 DE NOVIEMBRE de 2023, el Dr. Henry A. Kissinger falleció a la edad de cien años. Inspirador para todos los que le conocieron, trabajó hasta el final en este volumen, su vigésimo segundo libro. Durante nuestros frecuentes encuentros a lo largo de su último año de vida, insistió con firmeza en la importancia de nuestro tema y en la urgente necesidad de difundir su mensaje. Nosotros, sus dos coautores, fuimos de las últimas personas que hablaron con él en los días previos a su muerte. Al concluir ahora este proyecto en su nombre y a petición suya, nos hemos esforzado por preservar la originalidad de su pensamiento y el timbre de su voz en un asunto de la mayor importancia para el futuro de la humanidad. Terminar lo que él empezó —para que esta, su última empresa literaria, no muera con él, sino perdure en el mundo sin su presencia— no es más que una pequeña contribución a su memoria.

Después de haber hecho tanto para construir nuestro mundo, dedicó sus últimas horas al esfuerzo vital de salvarlo. De hecho, su último escrito es una petición a toda la humanidad para que continúe el vasto proyecto de asegurar el futuro de nuestra especie. A mediados del siglo pasado, el Dr. Kissinger fue uno de los principales arquitectos del esfuerzo filosófico y diplomático para proteger a la humanidad de la aniquilación atómica, el encuentro del siglo XX con la cruda realidad del riesgo existencial. Este valiente defensor de ese riesgo se ha marchado cuando llega uno nuevo. Su vida termina justo cuando comienza una nueva forma de vida. Ahora que nos enfrentamos a los albores de la era de la IA, somos conscientes de que, aparte del Dr. Kissinger —estudiante del siglo XIX, maestro del XX y oráculo del XXI—, pocos han estado tan bien situados como él para sentar las bases de nuestro futuro.

El Dr. Kissinger fue ante todo un filósofo de la historia. De sus profundas investigaciones sobre el tema de la tragedia surgió una búsqueda de toda la vida para demostrar que el idealismo del corazón podía ser compatible con el realismo de la mente y ennoblecerlo. Es posible sostener, según la formulación del escritor francés Romain Rolland, tanto el «pesimismo del intelecto» como el «optimismo de la voluntad». Mientras que el optimista aspira a un control humano seguro de nuestros asuntos, el pesimista considera que nuestra condición está determinada por fuerzas que escapan a nuestro control: las leyes de la naturaleza y los ciclos de la historia.

Sin duda, sabía demasiado bien cómo unos ideólogos —sin remordimientos por el derramamiento de sangre ni vacilaciones a la hora de imponer el poder— podrían aprovecharse de un ferviente idealismo. El fascismo, el comunismo, el totalitarismo, el fanatismo religioso militante... todos han reivindicado los fines más idealistas perseguidos en nuestra historia. Primero víctima de dichos excesos inhumanos y después combatiente militar y diplomático contra ellos, se comprometió a ayudar a reconstruir un mundo nuevo, sobre unos cimientos de orden sin vergüenza y seguridad sin culpa. A través de su activa gestión de los asuntos internacionales, el Dr. Kissinger condujo a su país de adopción —y al mundo— a través de agitaciones inciertas, para asentarse en el duro suelo de los hechos históricos y el interés nacional.

Brillante como era sobre la necesidad selectiva del realismo, el Dr. Kissinger era también un idealista que respetaba, como dice su biógrafo Niall Ferguson, «el papel de la libertad, la elección y la agencia humanas en la configuración del mundo». En la teoría y en la práctica, demostró su convicción de que los seres humanos no viven, ni pueden vivir, como si el futuro fuera inevitable. En su tesis de licenciatura en Harvard, «The Meaning of History» [El significado de la historia], Henry Kissinger, de 27 años, se enfrentó al mismo debate filosófico que ahora anima su última obra: «Cualquiera que sea la concepción que uno tenga sobre la necesidad de los acontecimientos, [e]... independientemente de cómo expliquemos las acciones en retrospectiva, su realización se produjo con la convicción interna de la elección».

Para él no era seguro que la humanidad sobreviviera a diseños no humanos elaborados a partir de los fuegos de nuestra propia forja. Enfrentado y agobiado por la desalentadora perspectiva de una catástrofe nuclear, no sucumbió al fatalismo del determinismo ni a las profecías catastrofistas. Es cierto que los temores existenciales pueden dar lugar al nihilismo, aunque también podrían estimular en los mejores de nosotros la contundencia necesaria para desafiar al mal y defender lo que habría que preservar para el futuro de nuestra especie. A principios de la década de los cincuenta, cuando aún era un joven profesor de Harvard, participó en una serie de reuniones de destacados científicos y académicos como él para discutir y debatir las posibles consecuencias de la guerra nuclear y las medidas necesarias para prevenirla. De aquellas reuniones surgieron doctrinas que desde entonces han mantenido a nuestro mundo a salvo de los peores temores de sus participantes.

Décadas después, en nuestras conversaciones, solía hablar de aquellas reuniones: su estructura, su propósito y su importancia retrospectiva. Su punto de vista siguió siendo el mismo hasta el final: nunca se resignó a la marcha del destino, a la vez que tampoco suscribió ninguna visión de la utopía. En la IA se da el mismo equilibrio que en el contexto nuclear: pequeños grupos de individuos podrían alterar la historia interviniendo y manifestando sus valores. Al mismo tiempo, sin embargo, y sin tener en cuenta el genio de los científicos que construyen nuevas inteligencias, creía que su formación no bastaría por sí sola para garantizar el mínimo necesario de seguridad y protección en el funcionamiento de estos novísimos instrumentos.

Por ello, su legado en este campo no se limita a exploraciones puramente filosóficas y académicas, sino que también abarca propuestas prácticas. Medio siglo después de su vuelo secreto a Pekín y la posterior apertura de relaciones entre los Estados Unidos de América y la República Popular China, el Dr. Kissinger realizó un viaje más a esa ciudad. Acudió por invitación urgente y específica del presidente Xi Jinping para debatir, como tema principal, los riesgos a los que se enfrenta la humanidad con la IA. Fue su último viaje al extranjero y su última misión diplomática.

Si en el pasado el Dr. Kissinger elevó a nivel artístico el estudio y la práctica del arte de gobernar, hoy su búsqueda de respuestas ha conseguido que la IA sea una cuestión que va más allá de la ciencia. Compartió la autoría de *The Age of AI: And Our Human Future** (2021) con el profesor Daniel Huttenlocher del MIT y con uno de nosotros, obra que predecía que la llegada de la inteligencia artificial crearía una nueva época en la historia, similar en su impacto a la de la Ilustración en el siglo XVIII, por su capacidad para cambiar el pensamiento humano de forma profunda e inesperada. En esta nueva era, sin embargo, en vez de trabajar a partir de preguntas planteadas por personas, la humanidad se enfrenta a respuestas proporcionadas por la IA a preguntas que ningún humano se había formulado jamás. En la misma medida en que la IA conquista los ámbitos del conocimiento humano, el Dr. Kissinger intenta apoyarse y aprovechar los recursos de la sabiduría de nuestra especie.

En este volumen exploramos, junto al Dr. Kissinger, el impacto de la IA en ocho áreas diferentes de la actividad y el pensamiento humanos; cuestión que culmina con su propia respuesta filosófica a la búsqueda permanente de una estrategia viable para equilibrar beneficios y riesgos. En la búsqueda de ese objetivo, explora las perspectivas de una coexistencia humana con la IA y, a su debido tiempo, de una coevolución «humano-IA». Al desvelar conceptualmente la posibilidad de la reconciliación de estas dos especies —una orgánica y otra sintética— también revela la necesidad de una elección: crear un mundo en el que la IA se parezca más a nosotros o uno en el que nosotros nos parezcamos más a la IA.

---

* *N. de la T.:* Publicado por esta editorial en 2023 con el título *La era de la inteligencia artificial y nuestro futuro humano.*

Desde la publicación de su primer libro sobre la era de la IA, el Dr. Kissinger fue percibiendo cómo crecería cada vez más el límite a la utilidad de la razón en los últimos días de dicha era. A nosotros, los humanos, las explicaciones que van más allá de nuestra propia comprensión —o de nuestra propia creación— pueden parecernos totalmente desconcertantes; nuestro instinto suele suponer que son menos avanzadas y más primitivas que nuestras explicaciones científicas, un paso atrás y no adelante. Pero se trata de una suposición peligrosa. Si, en palabras de Arthur C. Clarke, «cualquier tecnología suficientemente avanzada es indistinguible de la magia» y si los milagros se diseñan a partir de las matemáticas, el futuro debería ser inexplicable, desconcertante, incluso mágico. A lo largo de las décadas que conocimos al Dr. Kissinger, nos enseñó con generosidad, a partir de sus conocimientos sobre el arte de gobernar —ese complejo ámbito de los asuntos humanos— que, aunque la razón ha sido el paradigma dominante a través del cual los seres humanos hemos dominado nuestro mundo, no puede ser el paradigma con el que nos dominemos a nosotros mismos.

Por tanto, en el futuro no debemos esperar depender únicamente de la razón, el combustible histórico de nuestros mayores avances humanos. Ni tampoco podemos abandonarla por completo. Al igual que su moderación entre idealismo y realismo, sus investigaciones finales sobre nuestro futuro alcanzan un equilibrio entre esa cualidad empírica de la verdad y algo que está filosóficamente más allá de la razón, pero que es cronológicamente anterior. Del mismo modo que la política exterior no puede permitirse un exceso de ninguno de los dos extremos, tampoco puede hacerlo nuestro marco para el futuro.

Así pues, la IA es un reto único que requiere un pensamiento que, en principio, parece irracional o exagerado, y de hecho los escenarios descritos en este libro son sorprendentes. Pero al decirnos —a nosotros y a los demás— que él mismo no era más que un humilde estudiante tanto de la humanidad como de su última y potencialmente definitiva creación, nos inculcó que el mayor peligro que plantea la IA sería que declarásemos demasiado pronto, o con demasiada rotundidad, que la entendemos.

La profundidad de su intelecto y su percepción de las personas no son cualidades que esperemos volver a encontrar. No conocemos a nadie que, a la edad de 93 años, domine un campo de conocimientos técnicos totalmente nuevo y desconocido hasta ese momento. Con su curiosidad insaciable y su vitalidad mental, unidas a su devoción por el trabajo y su sentido del deber, ningún dolor del cuerpo o del espíritu fue nunca suficiente para apagar su pasión por el progreso. A pesar de los achaques de la vejez, se levantaba cada día con la determinación invencible de hacer avanzar el mundo. Su fuerza indomable procedía, tal vez, de su incomparable disciplina, endurecida en su juventud por la opresión, esculpida por el servicio en la guerra y puesta a prueba durante décadas en la lucha de la vida pública.

No somos más que dos de las muchas personas cuyas vidas han sido moldeadas por este hombre extraordinario. Le echaremos muchísimo de menos, sin duda de múltiples maneras. Su presencia, tras su partida en vísperas de una gran incertidumbre, es más necesaria que nunca. Por eso, para este libro, no había ningún título más adecuado que *Génesis*, un nuevo comienzo para él y para todos los seres humanos. Tanto si la humanidad triunfa como si fracasa, él ya no estará presente para presenciar el resultado final de sus esfuerzos. Al menos ahora tenemos su sabiduría para guiarnos.

—Eric Schmidt y Craig Mundie

GÉNESIS

INTRODUCCIÓN

H ACE UNOS POCOS AÑOS, la inteligencia artificial (IA) ocupaba un pequeño rincón del debate público. Hoy, tras sus rápidos avances tecnológicos, la IA es tema de portada en los medios de comunicación de todo el mundo y una cuestión que ocupa la mente de los líderes de la ciencia, los negocios, el periodismo, el servicio público, la educación y la política de toda la sociedad. En nuestra opinión, tanto el público en general como muchos expertos en la materia siguen pasando por alto aspectos importantes de esta era actual. Las nuevas formas de IA y las respuestas humanas a ellas podrían transformar nada menos que la relación humana con la realidad y la verdad, la exploración del conocimiento, así como la evolución física de la humanidad, la conducción de la diplomacia y el sistema internacional. Estas son algunas de las cuestiones cruciales de las próximas décadas y deberían ser las preocupaciones que guíen a los líderes en todos los ámbitos.

Las últimas capacidades de la IA, por impresionantes que sean, parecerán débiles en retrospectiva a medida que sus poderes se incrementen con un ritmo cada vez más acelerado. Poderes que aún no hemos imaginado están a punto de impregnar nuestra vida cotidiana. Los sistemas del futuro facilitarán avances enormes y en gran medida beneficiosos, que mejorarán nuestra salud al tiempo que generarán riqueza.

Pero estas capacidades implican riesgos técnicos y humanos, algunos conocidos y otros aún por descubrir. Las tecnologías actuales ya funcionan de maneras que sus inventores no fueron capaces de predecir, y es probable que este patrón continúe. Cada nueva fructífera vía de investigación que tomen nuestros científicos —y habrá más de una— podría dar lugar a nuevas ramas de poderes imprevistos que serán (o no) comprensibles o beneficiosos para el ser humano.

La IA parece comprimir nuestras escalas de tiempo. Los objetos del futuro están más cerca de lo que parece. A modo de ejemplo, podríamos citar que las máquinas con capacidad para definir sus propios objetivos no están lejos. Si tenemos alguna esperanza de mantenernos a la altura de los riesgos que entrañan, debemos responder y actuar en el plazo más breve concebible. Conscientes de lo que está en juego y de la urgencia de la tarea que tenemos por delante, aquí señalamos solo algunas de sus múltiples facetas.

A medida que la colaboración entre el hombre y la máquina se haga omnipresente, el ser humano tendrá que determinar la naturaleza propia de estas relaciones. Las respuestas pueden extraerse de la lógica de la seguridad y la eficiencia, derivarse del estudio de la historia o discernirse a partir de lo divino. Los individuos, las naciones, las culturas y las religiones determinarán los límites, si los hay, de la autoridad de la IA sobre la verdad. Decidirán si van a permitir que la IA se convierta en un intermediario entre los seres humanos y la realidad. En este sentido, habrá que elegir entre, por un lado, conservar el papel tradicional de la empresa humana (aunque probablemente cediendo el liderazgo a la IA en el descubrimiento de nuevos conocimientos) y, por otro, abandonar la mente humana, biológicamente limitada, en favor de una asociación en potencia rediseñada con la IA en la frontera intelectual. ¿Elegimos nuestros propios objetivos y usamos la IA para alcanzarlos, o permitimos que sea la IA quien nos ayude a definirlos? Lo más urgente es que la humanidad dé a la dignidad humana una definición moderna y sostenible que proporcione una orientación filosófica para nuestras decisiones en los años venideros.

El advenimiento de la inteligencia artificial es, en nuestra opinión, un asunto crucial para la supervivencia humana. Como explicaremos más adelante en este libro, las futuras facultades de la IA, que operan a velocidades suprahumanas, harán inútil la regulación tradicional. Necesitaremos una forma de control fundamentalmente nueva. Para la comunidad científica mundial, la tarea inmediata es encontrar medidas técnicas para infundir salvaguardas intrínsecas en cada sistema de IA. Por su parte, las naciones y las organizaciones internacionales, una vez que se hayan unido en torno a un consenso, deberán desarrollar nuevas estructuras políticas de control, aplicación y respuesta a las crisis. Para ello será necesario resolver no uno, sino dos «problemas de alineación»: la alineación técnica de los valores e intenciones humanos con las acciones de la IA y la alineación diplomática de los humanos con sus congéneres.

El Dr. Henry Kissinger, uno de los coautores de este libro, asesoró estrechamente a sus dos colaboradores en este último problema, mientras que ellos —como antiguos directivos de Microsoft y Google— lo asesoraron en el primero. Craig Mundie fue el principal enlace de Microsoft en materia de política tecnológica con Washington y los gobiernos extranjeros de todo el mundo, al tiempo que supervisaba Microsoft Research antes de asesorar, en fechas más recientes, a la dirección de la organización de investigación OpenAI. Eric Schmidt dirigió Google durante una década antes de dedicar la siguiente a forjar una red de talento e ideas —en la intersección entre la tecnología, la filantropía y la seguridad— con el objetivo de salvaguardar a la humanidad.

La urgencia de los problemas a los que nos hemos enfrentado juntos es tal que, en vez de esperar a que se produzca una crisis, consideramos imperativo que nuestra sociedad, y de hecho nuestra especie, los aborde de forma proactiva. Y aunque la seguridad humana es un componente necesario de una respuesta satisfactoria a la IA, no puede responder a todas las cuestiones que esta plantea porque, en la era de la IA, la humanidad cambiará. La cuestión es si —y en qué medida— los humanos decidiremos seguir ejerciendo nuestra autoridad sobre la forma en que se producirá dicho cambio.

PARTE I

EN EL PRINCIPIO

CAPÍTULO 1

DESCUBRIMIENTO

P UEDE QUE EL DESCUBRIMIENTO sea la capacidad más estimulante de la especie humana. Impulsados por la curiosidad y encantados por la sorpresa, llenamos los vacíos que percibimos y transformamos en respuestas las preguntas formuladas. La exploración es una parte tan esencial de nuestra autodefinición que, a pesar de los peligros y frustraciones manifiestos, hemos seguido avanzando, implacables, por sus múltiples caminos.

A lo largo de los tiempos, la exploración humana, en particular de nuestro entorno físico, ha sido una historia de inmenso valor frente a graves riesgos. Los equipos humanos que emprendían tales empresas a menudo se enfrentaban a su propia mortalidad. A principios del siglo XVI, la circunnavegación de la Tierra por Fernando de Magallanes fue una odisea de tres años llena de violencia, hambre y muerte. El viaje de Magallanes fue el primero que logró dar la vuelta al mundo. En el proceso, se batió el récord de resistencia en alta mar, se establecieron las dimensiones del planeta y, al tener lugar en el contexto del colonialismo europeo, se abrió el camino al intercambio social y económico a escala internacional.

La mayoría de los navegantes de Magallanes sabían que se arriesgaban a una catástrofe. Aunque ya no existía la creencia generalizada de que la Tierra fuera plana, su redondez no se había demostrado como un hecho, y muchos miembros de su tripulación temían navegar por el borde del mundo.

Tanto él como su tripulación eran conscientes de que pagarían muy caro cualquier suposición errónea. Y, en efecto, se equivocaron y lo pagaron: subestimaron la duración de su viaje, las cantidades de alimentos necesarias para su sustento, los peligros de envenenamiento masivo y el riesgo de naves dañadas o inoperativas. De la flota original de cinco navíos con unos 270 tripulantes, solo regresó a España un barco solitario con dieciocho fantasmales supervivientes. Entre ellos no se encontraba su capitán, que había perecido en el camino tras ser alcanzado en una pierna por una flecha envenenada.[1]

En los cuatrocientos años posteriores al viaje de Magallanes, se cartografiarían todos los rincones del mundo, excepto la

Antártida, una tierra tan desolada como un planeta alienígena. El explorador angloirlandés Ernest Shackleton estuvo más cerca que nadie de alcanzar el Polo Sur: el fin del mundo. En 1909, con una tripulación inexperta y sin el apoyo de ningún gobierno, sino gracias a algunos préstamos privados y contribuciones individuales, Shackleton y sus hombres establecieron el récord del viaje más largo de este tipo y allanaron el camino a los exploradores que les sucedieron.

Aunque no pudo afirmar haber sido el primero en llegar al Polo Sur, Shackleton se ganó el respeto de las generaciones posteriores. Lo hizo dando prioridad a los valores humanos sobre las ambiciones exploratorias. Un año después del inicio de la expedición, los miembros del equipo, atados diariamente a los trineos en brutales turnos de diez horas, solo avanzaban unos pocos kilómetros cada día. Aunque disponían de víveres suficientes para llegar al Polo, las provisiones que les quedaban no les alcanzarían para regresar al barco.

En ese momento, a 156 km del triunfo, Shackleton, en vez de arriesgar la vida de sus hombres, tomó la decisión de dar media vuelta. «Lo hemos hecho lo mejor que hemos podido», reflejó en su diario.[2] En su retirada, Shackleton ofreció su única galleta diaria a Frank Wild, un miembro enfermo de la tripulación, que escribiría en su diario: «Ni todo el dinero que se ha acuñado habría podido comprar esa galleta, y el recuerdo de ese sacrificio nunca me abandonará».[3]

Sin dejarse intimidar por el fracaso, Shackleton emprendió más expediciones al Polo Sur. Durante décadas circuló la historia (desmentida luego) de que había publicado el siguiente anuncio en el londinense *The Times*:

Se buscan hombres para viaje peligroso. Bajos salarios, frío intenso, largos meses de oscuridad total, peligro constante, regreso seguro dudoso. Honor y reconocimiento en caso de éxito.[4]

El anuncio puede ser apócrifo, pero el sacrificio que ilustra no lo es. Estas eran las realidades de la exploración hace solo un siglo: nuestro progreso en la frontera estaba limitado por el número de almas valientes dispuestas a aceptar semejante riesgo.

Tal vez en reconocimiento de estos peligros, algunos gobiernos consideraron oportuno patrocinar y recompensar las expediciones de descubrimiento, y estas empresas pasaron a formar parte del juego de la competencia internacional. El viaje de Magallanes, por ejemplo, estuvo marcado por la política. Incapaz de conseguir apoyo financiero del rey de Portugal —su propio soberano—, desertó y navegó bajo el patrocinio más próximo de la Corona española. Tras su muerte, la tripulación eligió a un español, Juan Sebastián Elcano, para asumir el mando. En el viaje de regreso, desesperado y prácticamente desprovisto de víveres y suministros, Elcano intentó hacer escala en las islas de Cabo Verde —una colonia portuguesa frente a la costa de África occidental— y envió a trece tripulantes a tierra para negociar con el gobernador colonial. Pero su petición fue humillantemente rechazada.

Con el corazón destrozado, pero aún más decidido a demostrar la insensatez portuguesa y la hazaña española, Elcano ordenó levar anclas y continuar la navegación.

Y más sabrá, Vuestra Majestad, que aquello que más debemos estimar y tener es que hemos descubierto y dado la vuelta a toda la redondez del mundo, que yendo para el occidente hayamos regresado por el oriente.[5]

Con el tiempo, seres humanos intrépidos y sus patrocinadores políticos llevarían el proyecto de descubrimiento más allá de nuestra esfera terrenal. No nos limitaríamos a estudiar los planetas —un ejercicio que ya se viene realizando desde hace milenios—, sino que sentiríamos su superficie bajo nuestros pies. Tras la Segunda Guerra Mundial, la «carrera espacial» entre Estados Unidos y la Unión Soviética, complemento de la Guerra Fría geopolítica, enfrentó a dos superpotencias en una competición por enviar a los seres humanos adonde nunca nadie se había aventurado.

Los propios astronautas podrían considerarse pioneros, pero ninguna de las aventuras espaciales emprendidas por Moscú y Washington fue producto de una apuesta individualista de vida y fortuna. Más bien, cada una de ellas fue una misión diplomática y militar coordinada, impulsada por enormes inversiones de dinero, tiempo y margen para la experimentación. En los últimos setenta años, más de 600 astronautas han surcado los cielos y recorrido el espacio, y algunos de ellos han ido más lejos para rodear, orbitar o caminar sobre la Luna.[6] De este modo, la rivalidad entre Estados Unidos y la Unión Soviética nos llevó al mismo tiempo al borde de la aniquilación nuclear y nos acercó a las estrellas.

Más de un siglo antes de la era de los descubrimientos —como llegó a llamarse la primera época moderna de

Magallanes, Vasco da Gama, Américo Vespucio y tantos otros—, las ambiciones chinas en alta mar no tenían parangón por su alcance y escala. La «flota del tesoro» de Zheng He, el gran almirante de la era Ming, contaba con docenas —y a veces cientos— de barcos de última generación que transportaban a decenas de miles de marineros, soldados, diplomáticos y comerciantes. Cada una de las aventuras del almirante chino duraba dos años. Tras navegar por las aguas del Pacífico cercanas a las costas sudorientales de China, sus navíos se dirigieron hacia el oeste, al golfo de Bengala, el océano Índico, el mar Arábigo, el mar Rojo y, por último, la costa *swahili* de África oriental, en exploraciones que se prolongaron durante casi tres décadas, de 1405 a 1433.[7]

Los viajes de Zheng He, más cercanos en sus orígenes y motivos a los modernos programas espaciales estadounidense y soviético que a los equivalentes occidentales de su época, no fueron tanto saltos a lo desconocido como ricos productos de la diplomacia imperial. Pero ahí radica también el problema. Lo mismo que resulta necesario para garantizar el éxito de una expedición, incluso dentro de un estado con buenos recursos, puede condenar su causa a largo plazo. La política cambia. Las prioridades cambian. La paciencia humana se agota con facilidad. Los gastos de la «flota del tesoro» fueron tan elevados que algunas facciones de la corte Ming empezaron a criticar la financiación de estas misiones por parte del emperador. Los reveses políticos y los desastres naturales exacerbaron el malestar. Al final, la dinastía decidió destruir o descuidar intencionadamente sus mejores barcos, junto con muchos registros de los viajes de Zheng He, para que no surgiera de nuevo un visionario similar que cautivara y sedujera a los dirigentes del país. Los barcos se pudrieron y no se volvieron a ver navíos como aquellos durante 400 años.

De un modo análogo, después de que Estados Unidos ganara la carrera espacial, sin un competidor que motivara sus esfuerzos nacionales, el apoyo en Washington a la exploración espacial languideció y se recortó el presupuesto de la Administración Nacional de Aeronáutica y del Espacio (NASA). A lo largo de cinco décadas, la capacidad de Estados Unidos para realizar vuelos espaciales tripulados se fue degradando progresivamente. De ser el único país de la Tierra capaz de hacer aterrizar seres humanos en la Luna, pasó a tener solo los medios para transportar seres humanos a la «órbita terrestre baja» y, finalmente, perdió la capacidad de poner a nadie en órbita.

La reputación de Estados Unidos solo fue rescatada por los esfuerzos de exploradores privados que, liderados por la empresa aeroespacial SpaceX, revivieron las ambiciones cósmicas en Occidente. Los esfuerzos de esa empresa han llevado a algunos al punto, hasta ahora inimaginable, de considerar a nuestros vecinos celestes más cercanos no como destinos temporales, sino como hogares permanentes. Hace un siglo, Shackleton ayudó a establecer una presencia humana en el punto más meridional de la Tierra. En la actualidad, el cráter Shackleton —una depresión, bautizada así en su honor, en el polo sur no de la Antártida, sino de la Luna— es el lugar previsto para el próximo puesto avanzado de la humanidad.

La existencia de patrocinadores alternativos ha sido fundamental para mantener la exploración. En la Europa de

Magallanes, si un monarca no lo apoyaba, el explorador podía obtener financiación de otro. En el siglo XX, Ernest Shackleton, que aspiraba a reclamar el Polo Sur para un Imperio británico en declive, distraído por el estallido en 1914 de la Primera Guerra Mundial e incapaz de obtener los fondos necesarios de la Corona, se vio precisado a recurrir en gran medida a donantes privados. El auge de las empresas privadas con ánimo de lucro, que permiten aunar inversiones y riesgos, abrió nuevas posibilidades. Cabe preguntarse qué habría sido de Zheng He y sus sucesores si hubieran tenido tales opciones.

LA LLEGADA DE LA IA

Durante el periodo más largo de la historia occidental, la exploración de la realidad se centró en entidades geográficas: nuestro planeta y nuestros vecinos más cercanos en el espacio. A medida que los seres humanos fuimos adquiriendo dominio sobre nuestro entorno físico inmediato —en la tierra, en el mar y en los cielos—, era solo cuestión de tiempo que nuestro inquieto instinto humano de descubrimiento ampliara su radio de acción del espacio que nos rodea a las ideas que llevamos dentro. Hoy nos encontramos en la frontera no de la exploración física, sino de la intelectual.

El desarrollo de la inteligencia artificial ha inaugurado una nueva era de descubrimientos. Cuando la IA se integra en los sistemas físicos, los sensores robóticos asumen funciones que antes habríamos desempeñado los seres humanos, lo que desvincula el descubrimiento humano del peligro físico para el explorador y multiplica así las filas de desarrolladores e inversores ávidos.

La IA no siente miedo, por lo que no se deja intimidar por la inmensidad de la realidad. Tampoco siente vergüenza, por lo que fracasa sin vacilar, pero una IA se recalibra con tal rapidez que, a través de la improvisación y la experimentación constantes, es posible que acomode altas tasas de fracaso sin causar contratiempos a sus citados desarrolladores e inversores.

En la actualidad, el descubrimiento de la IA es un proyecto dirigido casi exclusivamente por empresas y emprendedores privados, mientras que los estados aparecen como patrocinadores complementarios. Sin embargo, incluso sin una acción gubernamental complementaria, es probable que el crecimiento y la expansión de la IA sigan estando impulsados por la abundancia de diversas fuentes de capital. Es cierto que, en las actuales fases de desarrollo, todavía incipientes, siguen siendo necesarias importantes cantidades de capital humano y de apoyo social, pero es probable que sostener la exploración de la IA en el futuro deje de ser una sangría fiscal y política para las sociedades que la despliegan. En ausencia de acontecimientos imprevistos, y a diferencia de épocas anteriores de exploración —que terminaron antes de alcanzar su pleno potencial—, podemos esperar que los descubrimientos de y con IA continúen sin cesar.

No obstante, aunque la IA se libere parcialmente de las limitaciones anteriores a los descubrimientos, no podrá escapar a todas ellas, sobre todo a medida que sus efectos se hagan más pronunciados. La tolerancia al riesgo de las sociedades democráticas y el incierto futuro del juego internacional seguirán siendo un importante factor X en el ámbito de la inteligencia artificial. Quizá la historia sea la de una «carrera de la IA». Tal vez dé lugar al equivalente de la destrucción al por mayor de la «flota del tesoro» de Zheng He por parte de la dinastía Ming. O, tal vez, los estados dirijan el progreso por algún camino intermedio.

LA MENTE POLIMÁTICA

En retrospectiva, parece obvio que el ámbito de los descubrimientos estaba destinado a expandirse más allá de lo físico —el terreno de almirantes, astronautas y aventureros—, y que sus exploradores serían más variados. Y, de hecho, desde muy pronto, la historia fue testigo del surgimiento de un nuevo —o, si no nuevo, sí decididamente diferente— tipo de descubridor humano: el polímata. Excepcionales por su capacidad para dominar muchas esferas del conocimiento, cualquiera de las cuales podría absorber normalmente el trabajo de toda una vida, los individuos polimáticos a lo largo de la historia pueden contarse —a ojo de buen cubero— por centenares. Dedicados a las artes o a las ciencias, o a ambas, todos han estado imbuidos de una pasión por revolucionar o crear desde cero campos enteros de estudio. Impulsados no tanto por el coraje del corazón como por la fuerza de la mente, se han aventurado impertérritos en las profundidades del conocimiento y la imaginación: un terreno aún más vasto que el que afronta el típico explorador del mundo físico.

En ocasiones, estos individuos singulares, con sus maravillosas capacidades para descifrar el universo, han sido vistos con asombro y sospecha como hechiceros o como supuestos intermediarios del Creador divino del universo, una reputación que a menudo los ha enfrentado a las autoridades religiosas o políticas. En otras ocasiones, apreciados por sus dones, se les ha animado a proseguir sus estudios bajo los auspicios directos de tales autoridades, y se han visto recompensados por sus esfuerzos.

En la edad de oro islámica, los polímatas buscaron la forma de poner la ciencia al servicio de la fe. Ibn al-Haytham, de Basora (en el actual Irak), propuso el concepto de método científico cinco siglos antes de que sus contemporáneos del Renacimiento lo reivindicaran en Occidente.[8] Además de la geometría, la astronomía, la óptica y la psicología experimental, al-Haytham poseía profundos conocimientos de ingeniería hidráulica.

Esto último lo enfrentaría a la religión. Tras reivindicar la capacidad de regular las crecidas del Nilo, un fenómeno natural que entonces aún se creía sobrenatural, fue invitado a reunirse con el califa en Bagdad. Allí se descubrió que los proyectos de ingeniería que proponía contradecían la teología islámica. Como castigo por sus audaces afirmaciones y su pensamiento revolucionario, se vio obligado a esconderse hasta la muerte del califa. Otros polímatas, como Muhammad ibn Musa Al-Juarismi

—un persa del territorio del actual Turkmenistán—, tuvieron más éxito en áreas de erudición al servicio explícito de sus maestros teólogos. Al-Juarismi fue nombrado astrónomo de la corte y jefe de la biblioteca de la Casa de la Sabiduría de Bagdad.[9] La astronomía floreció bajo los califas abasíes, que se convirtieron en pródigos mecenas de hombres como él, por sus contribuciones directas a la fe islámica. Por ejemplo, las coordenadas geográficas de los lugares sagrados y, lo que es más importante, la dirección de La Meca —cuyo conocimiento es un requisito para la oración islámica— se podían calcular con mucha más precisión gracias a que la astronomía medieval logró mejor acceso a la posición exacta de las estrellas.

Los contemporáneos de al-Haytham y Al-Juarismi encontrarían formas cada vez más creativas de mantener el espíritu del descubrimiento a través de la alianza entre ciencia y religión, asegurando el refugio para quienes poseían «la unidad del intelecto»[10] —en palabras de Ibn Rushd, también conocido como Averroes, otro gran polímata musulmán de la misma época— en una época más conocida por su ferviente religiosidad que por los logros de la razón —como sería el caso de la Ilustración europea—.

A miles de kilómetros de Bagdad y muy distantes entre sí, los polímatas chinos e indios no se alinearon con la autoridad divina, sino con las estructuras de gobierno; así compartían una proximidad distintiva a la política lograda tanto por el privilegio como por el esfuerzo. En el siglo XII, Hemachandra —el «conocedor de todo el saber de su época»— sirvió como consejero del rey Kumarapala de lo que hoy es Gujarat. Siglos más

tarde, Akbar el Grande, el joven emperador mongol, gobernaría el Estado y lograría éxitos académicos en arquitectura,
ingeniería y literatura.

En el caso de los chinos, además de su destreza en asuntos
intelectuales, también estaban profundamente comprometidos
con el servicio en la corte como asesores, eruditos-funcionarios
y administradores de alto rango. El gobierno era tanto su cliente
como su mecenas. En cualquier momento del día, estos pensadores podían supervisar la formulación de la ciencia calendá-
rica mientras desempeñaban sus funciones como funcionarios
principales de la Oficina de Astronomía y, una hora más tarde,
podían asesorar al gabinete central del emperador sobre la
mejor manera de aumentar el rendimiento de las cosechas. Les
encargaban la construcción de grandes máquinas de guerra,
los enviaban como embajadores en misiones diplomáticas a
los reinos vecinos y les encomendaban la tarea de asesorar al
emperador en asuntos de política económica.

Pero carecían de autonomía y solo eran tolerados en la
medida en que el emperador requería sus servicios intelectuales. En el mundo chino, la política de facciones se convirtió
en un obstáculo para el genio, como lo fueron las restricciones
clericales en el mundo islámico. Los intelectos de una generación estaban a merced del mismo sistema que había identifi-
cado su talento y la ciencia seguía supeditada al hijo del cielo.
Shen Kuo, un polímata de la dinastía Song, fue destituido por
un celoso oficial militar, cayó en desgracia ante el emperador y
se vio abocado al aislamiento como resultado de una rivalidad
política con el único otro gran polímata de la dinastía.[11]

Durante la Antigüedad y la Edad Media, florecieron polímatas solitarios en Oriente Próximo, India y China. Pero no fue hasta después del siglo de las exploraciones cuando comenzó la investigación conceptual sistemática, primero en Europa y más tarde en Estados Unidos, en lo que hoy llamamos la era de la razón o el Siglo de las Luces. Precedidos y facilitados por el Renacimiento de los siglos XV y XVI, los cuatro siglos siguientes —que nos llevan hasta los comienzos de nuestra era de la IA— demostraron ser una época muy diferente para el descubrimiento intelectual.

Antes de la Ilustración, los polímatas no tenían más remedio que servir a un poder superior, ya fuera un emperador o un califa. En cambio, muchas figuras destacadas de la Ilustración europea pudieron perseguir sus conocimientos no como medios para alcanzar fines políticos o teológicos, sino como fines en sí mismos. «Un hombre puede hacer todas las cosas si quiere», afirmaba con orgullo el polímata italiano Leon Battista Alberti sobre el hombre del Renacimiento.

Sin embargo, aunque la inteligencia es necesaria para la exploración, ella sola no es suficiente. Además de mantener el apetito por el riesgo, los exploradores deben contar con los recursos, el entorno y los colaboradores adecuados. Durante la Ilustración, los exploradores podían acceder a los tres. Los gobiernos y las empresas (en gran parte debido a su interés por traducir la teoría científica en aplicaciones militares y comerciales) siguieron siendo mecenas y socios activos de los polímatas euroatlánticos, al tiempo que, en su mayor parte, dejaban a estos últimos libertad para dirigir sus energías y habilidades como considerasen oportuno. Incluso cuando se intentó cooptar, suprimir o intervenir de alguna otra forma, Europa estaba suficientemente fragmentada para permitir que los pensadores de ideas no bienvenidos en un lugar encontraran un hogar en otro. Así, el francés François-Marie Arouet, más conocido por el seudónimo de Voltaire, pasó mucho tiempo fuera de Francia; mientras que el ruso Mijaíl Lomonósov, quien decidió «estudiar ciencias» a los 19 años, caminó desde su aldea natal en el extremo norte hasta Moscú, donde adquirió una educación básica antes de estudiar en Kiev y después en Alemania, en la Universidad de Marburgo y Freiberg.[12]

En consecuencia, el progreso humano se vio impulsado por una nueva concentración y vinculación de pensadores de ideas afines en proximidad física o mental, lo que obligó a la inteligencia de la más alta calidad a competir y colaborar. Hasta entonces, la historia del prodigio humano era una historia solitaria, aislada por las tiranías del espacio y el tiempo. Los polímatas, quienes a menudo trabajaban aislados, sin tener a nadie en su entorno espacial o temporal con quien colaborar o compartir inquietudes, solo podían avanzar hasta donde les permitieran los límites de sus propias capacidades. Además, esta conexión limitada con los pocos pioneros intelectuales —dentro o fuera de sus propios contextos políticos— prácticamente garantizaba la duplicación de esfuerzos porque los inventores, sin conocimiento directo del trabajo de los demás, no podían construir sobre los logros ajenos.

Poco a poco, los afortunados que disponían de material preciso, oportuno y fielmente traducido pudieron reconstruir complejas invenciones mediante el esfuerzo colectivo no solo de forma simultánea, sino también a lo largo de generaciones.

En la época de la Ilustración, los polímatas fueron capaces de tender puentes entre disciplinas, así como entre áreas separadas del conocimiento que nunca habían sido conciliadas o integradas en un todo coherente. Ya no existía una ciencia persa ni una ciencia china: solo había ciencia.

Esta capacidad de integrar conocimientos de diversos ámbitos ayudó a producir rápidos avances polimáticos y, con el tiempo, demostraría ser el mejor intento hasta la fecha de «inteligencia colectiva». En el siglo XX, por ejemplo, el Proyecto Manhattan de la Segunda Guerra Mundial fue testigo de esa desproporcionada densidad de capacidad mental: las mentes más brillantes de la época, trabajando juntas, tradujeron generaciones de física teórica en aplicaciones devastadoras en menos de cinco años, una hazaña que habría sido inconcebible para sus predecesores. Instituciones como el Instituto de Estudios Avanzados de la Universidad de Princeton y la Corporación RAND de California se convirtieron también en santuarios para mentes superdotadas.

Naturalmente, algunos polímatas, agobiados por la brillantez, seguían prefiriendo trabajar solos. Uno de ellos fue el inventor estadounidense de origen serbio Nikola Tesla:

> La mente es más aguda en el aislamiento y la soledad ininterrumpida. No se necesita un gran laboratorio para pensar. La originalidad prospera en la reclusión, libre de múltiples influencias externas que nos golpean y paralizan la mente creativa. Estar solo, ese es el secreto de la invención; es en plena soledad cuando nacen las ideas. Por eso, muchos de los milagros terrenales han tenido su génesis en entornos humildes.[13]

Pero Tesla fue la excepción y no la norma. El siglo XX produjo una «explosión cámbrica» de ciencia aplicada: lanzó a la humanidad hacia adelante a una velocidad y escala incomparablemente superiores a las evoluciones anteriores. Impulsados por la combinación de sus capacidades mentales, los grupos de polímatas también estaban ahora equipados con las herramientas de la modernidad. El efecto añadido de un impulso tan intenso nos ha ayudado a superar no pocas limitaciones humanas. La comunicación digital y la búsqueda en Internet, en sí mismas producto de agrupaciones de polímatas, han permitido la ampliación de tales grupos y un ensamblaje de conocimientos muy por encima de las facultades humanas previas.

Sin duda, también ha habido un límite. Por muy bien que optimicemos el diseño de las naves destinadas a llevarnos a nuevas fronteras y por muy bien que organicemos el ingenio en operaciones operativas, las restricciones biológicas y las carencias humanas siguen limitando nuestras capacidades. Nuestro tiempo en la Tierra es finito. Necesitamos dormir. Nos cansamos con facilidad. Necesitamos descanso y respiro. Incluso en el trabajo, la mayoría de los seres humanos solo podemos concentrarnos en una tarea cada vez.

A finales del siglo XIX y principios del XX, Thomas Edison, otro polímata rival de Tesla, realizó miles de experimentos para crear una «lámpara eléctrica incandescente práctica» que tardó tres años en conseguir. Es cierto que Edison se había distraído en parte contribuyendo a mejorar el teléfono, invento de Alexander Graham Bell. Pero incluso con la ayuda de muchos asistentes, su búsqueda de una bombilla requirió un esfuerzo extraordinario. Todavía hoy, la investigación y el desarrollo de muchas tecnologías de vanguardia continúan siendo costosos, interminables, prolongados y política y psicológicamente desalentadores. Como los resultados son tan inciertos, sondear las fronteras físicas que quedan —el espacio, las profundidades marinas, la corteza terrestre— sigue siendo un proyecto exclusivo de las empresas con más éxito y los gobiernos más ricos.

Por supuesto, son precisamente estas mismas probabilidades desfavorables las que hacen que los descubrimientos hoy parezcan significativos, incluso milagrosos.

El físico John von Neumann, quien más tarde sería considerado uno de los últimos grandes polímatas, fue nombrado «personaje del siglo» por el *Financial Times* por encarnar la confianza característica del siglo XX en el poder de la mente para «aprovechar y domar el mundo físico».[14] De hecho, von Neumann se había dedicado con feroz energía a cuestiones centrales como la teoría matemática y la bomba atómica, pero sobre todo a la creación del ordenador: tanto el último gran avance del siglo como uno de los últimos inventos que el ser humano tuvo que concebir y producir de forma aislada.

Con intelectos de la talla de von Neumann, la humanidad puede haber llegado al límite de la capacidad de la inteligencia humana no aumentada para ampliar nuestros horizontes intelectuales. La polimatía es particularmente rara porque por lo general se tarda tanto tiempo en dominar los fundamentos de un campo que, para cuando un aspirante a polímata lo consiga, no tendrá tiempo para otro y en potencia también habrá perdido la capacidad de pensar de forma creativa. Hoy en día, la innovación parece surgir cada vez más de equipos de personas que de un solo genio dotado de una brillante perspicacia interdisciplinar.

Sin embargo, integrar los conocimientos adquiridos por múltiples mentes individuales es todavía un proceso difícil. Incluso, o quizás en especial, entre los intelectuales estrella, el mero número de colaboradores puede dificultar la comunicación sinérgica.

La IA, por el contrario, será el polímata definitivo. Al explorar la frontera del conocimiento humano, es capaz de procesar y generar representaciones de masas de información a una velocidad endiablada. Evalúa patrones en innumerables dimensiones y campos de forma simultánea, mientras crea una conectividad sin precedentes. Su eficiencia le permite trascender las limitaciones del descubrimiento humano, hasta el punto de que incluso se espera que logre fusionar muchas actividades intelectuales en una nueva «unidad de conocimiento», en palabras del sociobiólogo estadounidense E. O. Wilson.[15]

Del mismo modo que los logros de los polímatas de la Ilustración dependían de la interconexión de la información, los recientes avances en el aprendizaje automático solo han sido posibles gracias a la enorme cantidad de datos —la inteligencia colectiva— que la IA actual no solo ha permitido, sino que ha hecho fácilmente accesible.

Para ampliar la analogía un paso más quizá no sea de extrañar que el último avance en técnicas de IA, en vez de confiar en un único gran programa para hacer el trabajo por sí solo, haya sintetizado las conclusiones de múltiples programas más pequeños en lo que se conoce como una «mezcla de expertos». Predecimos que esta no será la última ilustración del poder amplificado de los polímatas en grupo.

Hasta ahora, el proyecto global de exploración se ha visto limitado por la cantidad y la calidad de los seres humanos en la frontera. Solo hemos tenido unos pocos miles de pioneros físicos y un número mucho menor de polímatas. La inteligencia artificial, por tanto, está preparada para crear una revolución tanto en la exploración física como en la intelectual. La IA, como hemos señalado, no tiene miedo ni vergüenza, por lo que se lanza sin complejos a la frontera cuando se lo ordenan. Además, al estar igualmente equipada para explorar kilómetros del espacio exterior y nanómetros de la biología humana, la exploración de la realidad por parte de la IA no se ve limitada por la experiencia subjetiva o el trabajo físico ni por la capacidad cerebral ni los sentidos humanos. Cuando se trata de la realidad física, la exploración de la máquina tampoco nos pide que sacrifiquemos nuestras vidas por la causa; al contrario, podría exigirnos mucho menos tiempo, es decir, solo el tiempo medido por lo que los seres humanos le proporcionamos.

En el futuro, la principal limitación de cualquier sociedad puede que ya no sea el número de polímatas con talento que pueda reunir para proporcionar el pequeño y a veces inconsistente motor del progreso científico. El potencial de la humanidad ya no estará limitado por el número total de Magallanes o Teslas que existan. Ni la nación más fuerte del mundo será la que tenga más Einstein y Oppenheimer, siempre que esa nación pueda crear y luego utilizar la IA en todo su potencial.

Y eso plantea la posibilidad de un cambio de paradigma en la principal norma para medir la fuerza nacional, que a lo largo de los siglos ha pasado del territorio a los recursos, al capital, al capital humano y ahora, quizás, al capital informático.

Además, una máquina que aprende bien podría convertirse en una máquina que se mejora a sí misma. Al final, entonces, ¿podría recordarse al último invento polimático —a saber, la informática, que amplificó el poder de la mente humana de una forma por completo distinta a cualquier máquina anterior, y que décadas más tarde facilitaría los avances en inteligencia artificial— por sustituir a sus propios inventores?

UNA TERCERA ERA DE DESCUBRIMIENTOS

Desde la perspectiva de la IA, el conocimiento acumulado de la humanidad es como un archipiélago de islas volcánicas extendidas sobre un océano sin límites. En este esquema imaginario, el centro geográfico de cada isla está dominado por un pico volcánico: a medida que la mirada del espectador se inclina hacia el mar, la certeza se desvanece y cae en gradientes más bajos de confianza hasta llegar a la orilla del mar.[16]

Suponiendo que, a efectos de este ejercicio imaginativo, se haya drenado una cantidad suficiente de agua de los océanos de la Tierra, se vería de inmediato una vasta topología de terreno submarino hasta ahora casi invisible para el ojo humano. Las islas ya no aparecen *ipso facto* como masas de tierra independientes que flotan a la deriva por el océano, sino más bien como meros afloramientos rocosos de gigantescas montañas o volcanes submarinos que, al elevarse desde su base sumergida en el fondo del océano, son suficientemente altos para romper la superficie.

Si en este esquema cada isla representa una disciplina de la comprensión humana, el agua que separa cada una de la más próxima representa las conexiones incompletas que aún deben descubrirse para avanzar en nuestra comprensión del universo como un todo potencialmente coherente. Aunque, por ahora, nos sintamos seguros con la cartografía de nuestra realidad inmediata, apenas comprendemos lo que se oculta bajo nuestros pies o lo que se extiende más allá de nuestro alcance. La IA podría cambiar esta situación.

Tomemos el ámbito de la física, el ejemplo científico por excelencia. Si Isaac Newton armonizó las leyes de los mundos celeste y terrestre y Michael Faraday y James Clerk Maxwell hicieron lo propio con la electricidad, el magnetismo y la óptica, aún continúa la búsqueda de una «gran teoría unificada» que reconcilie las dos teorías separadas e incompatibles que compiten por explicar nuestra existencia desde extremos opuestos de la realidad. Se trata de la teoría cósmica (relatividad general) y la teoría subatómica (mecánica cuántica).

La IA podría por fin poner orden y estructura en áreas de conocimiento aparentemente dispares, y así poner de manifiesto en el proceso (como en los archipiélagos con la misma superestructura) una interconexión entre ámbitos como la genética, la lingüística, la cosmología y la psicología. La IA podría incluso ayudar a reconciliar la división entre escuelas de pensamiento o sistemas de creencias en apariencia incompatibles.

En numerosas disciplinas ya hemos trazado un amplio espectro de verdades posibles, si bien muchas presentan escasas probabilidades de ser verdaderas. En el archipiélago de la comprensión humana, estas se perfilan como puntos dispersos en la línea de costa: no constituyen ignorancia, pero tampoco pueden denominarse conocimiento. Dirigida a una línea de investigación en esa frontera del saber, la IA puede evaluar con gran exactitud cuáles son las vías más prometedoras para futuras exploraciones. A través de procesos rápidos de selección, prueba, inversión y nueva selección, deja de ser una quimera calcular las consecuencias de millones de combinaciones posibles.

Este es el método (que analizaremos en el capítulo 5) por el que el laboratorio DeepMind de Google no solo pudo dominar el antiguo juego de mesa chino go tal como lo conocían los humanos, sino que también pudo, en la medida en que la máquina demostró sus conocimientos a los humanos, ampliar nuestro propio conocimiento del juego. En comparación con los programas de ajedrez anteriores, que recurrían principalmente a la computación exhaustiva, AlphaGo —tras entrenarse con treinta millones de movimientos previos— demostró la capacidad de las máquinas para razonar de forma abstracta.[17]

En este sentido, el entrenamiento de la máquina se asemejaba al «entrenamiento» de la mente de un estudiante de doctorado de filosofía: en este último caso, un proceso gradual de construcción de la capacidad de pensar y razonar a través de años de estudio intensivo. Al igual que un estudiante que sale de esos años para responder preguntas en la defensa de su tesis, el sistema de DeepMind se «entrenó» a sí mismo para trascender los aprendizajes a los que había estado expuesto previamente y producir —a partir de su adoctrinamiento más abstracto y de un nivel superior— las jugadas de ajedrez que dedujo que tenían la mayor probabilidad de ganar. A veces, de hecho, el modelo de IA conseguía seleccionar jugadas que nunca antes había intentado un ser humano en 4000 años de juego, lo que solo era posible porque, mientras que la mente humana parece estar confinada a la manipulación de solo cuatro variables independientes cada vez, la IA puede aplicar innumerables juicios probabilísticos en innumerables dimensiones.[18] La IA accedía así a ideas originales y, por primera vez, las introducía dentro de los límites de la experiencia humana.

Un usuario humano que consulta un modelo de IA —por ejemplo, al preguntar algo a ChatGPT— no solo le pide que recupere un punto de información, como hacen los motores de búsqueda convencionales, sino que sintetice múltiples puntos de información y, sobre esa base, ofrezca una conclusión. Al moverse simultáneamente en múltiples direcciones y dimensiones, la IA genera representaciones de la información en un espacio de altas dimensiones, con relaciones dentro y entre innumerables campos y subcampos, y a partir de esas complejas representaciones en red obtiene sus conclusiones.

Aquí, en la respuesta a nuestras preguntas, reside el don de la capacidad y velocidad en apariencia sobrehumanas de los «grandes modelos de lenguaje» de la IA, que se entrenan previamente con grandes cantidades de datos. A medida que la precisión de las respuestas determina el nivel de nuestra confianza en las distintas verdades que defendemos, estos modelos producen una geología cada vez más detallada de las profundidades.

Es probable que la IA acumule nuevos conocimientos no solo con gran rapidez, sino también de formas que dejarían abierto un abanico de exploración adicional. En su juego de ajedrez, AlphaGo tendía a gravitar hacia soluciones de peculiar apertura. Es posible que algunos modelos de IA hayan absorbido en su entrenamiento un sesgo hacia áreas que ofrecen un alto potencial para muchas opciones, lo que permite un sondeo rápido y flexible hacia adelante.

Puede que a los seres humanos nos cueste adaptarnos a este nuevo modo de exploración de la IA. El reto más serio consistirá en determinar si esta exploración refleja —o contradice— nuestra percepción de la realidad y nuestro propósito. Es posible que los humanos intentemos construir vehículos para mantenernos a la altura y seguir a la IA mientras crea nuevos afloramientos. Tal vez nos dotemos de maquinaria industrial, mediante la cual —lentamente, a nuestro ritmo más humano— draguemos sedimentos del fondo oceánico y ampliemos así nuestra diminuta roca de comprensión. O, quizás, acabemos convencidos de no volver a pisar tierra más allá de la nuestra.

Y luego está el reto de una IA mal controlada, que podría acumular conocimientos de forma destructiva. Sus métodos de descubrimiento podrían ser tan violentos como los eventos volcánicos que formaron nuestro hogar en sus inicios. Extendiendo la metáfora actual: al volver a poner en erupción nuestro volcán, la IA arrasaría con el conocimiento previo y, al mismo tiempo, ampliaría enormemente la superficie de las islas. Incluso podría romper enormes placas a lo largo del lecho marino, cuya colisión podría sacar a la superficie nuevas montañas de conocimiento que, sin embargo, al estar desconectadas de nuestra propia experiencia, desencadenarían a su vez una tormenta de crisis cognitivas y nos llevarían ineludiblemente a una comprensión más completa —aunque no deseada— de la realidad.

Por otra parte, si se alinea con nuestros objetivos, entonces, como sucedió antes en el desarrollo de la informática, el desarrollo de la IA será una misión humana que facilitará cualquier otra misión humana. De este modo, la IA se convertiría en la principal potencia del universo o, al menos, en su equivalente; y sería responsable, en parte o en su totalidad, de la mayoría de los descubrimientos importantes del próximo siglo. Si ese fuera el caso, los humanos podríamos darnos cuenta, en retrospectiva, de lo pequeña que es la isla que hemos cultivado en los últimos milenios comparada con las cumbres de posibilidades que hay bajo nuestros pies.

CAPÍTULO 2

EL CEREBRO

S E HAN PROPUESTO NUMEROSAS analogías para ayudar a explicar, aclarar y contextualizar tanto la llegada como el significado de la inteligencia artificial. Los antropólogos la comparan con el fuego o la electricidad. Generales y diplomáticos la asemejan al poder atómico o a una fuerza de voluntad humana imparable e inconquistable, como Otto von Bismarck. Los astrónomos la describen como algo parecido a la llegada de un asteroide —una predicción lejana y poco probable en torno a la cual los humanos podrían organizar una defensa planetaria— o al descubrimiento de vida extraterrestre. Los economistas comparan la IA con las burocracias y los mercados, mientras que los líderes del Estado y la sociedad la comparan con la llegada de la imprenta o de grandes corporaciones con voluntad propia —como la Compañía Británica de las Indias Orientales, capaz de apoderarse del subcontinente indio antes de que el mundo comprendiera su incompatibilidad con las estructuras de poder existentes y su potencial de dominación—.[1]

Hoy en día, nuestra opinión es diferente. Pensamos que ninguna innovación, por profunda que sea, se acercará a la inspiración original y (desde nuestro punto de vista) al destino actual de nuestra búsqueda de inteligencia: una inteligencia superior a la de cualquier ser humano del planeta.[2]

Hay dos maneras de pensar sobre nuestras circunstancias actuales. La primera es una proyección de lo familiar. Hasta la fecha, las tecnologías más transformadoras de la humanidad han mejorado o amplificado la función corporal humana. La rueda redujo el agotamiento derivado de una mayor movilidad, mientras que motores de distintos tipos aliviaron el tormento de los músculos desgarrados. Los rayos X, los instrumentos ópticos —como el microscopio y el telescopio— y la luz eléctrica ampliaron los límites de la realidad observable más allá de la vista natural, del mismo modo que el teléfono amplificó nuestra voz más allá de lo que nuestras gargantas podían lograr. Todas las dimensiones de la función humana han sido, en cierto modo, aumentadas, agudizadas o fortalecidas de manera inorgánica por máquinas de nuestra creación. ¿Es, entonces, la inteligencia artificial simplemente otra extensión de nuestras facultades?

La segunda forma de pensar es sugerir que, esta vez, las cosas son diferentes, que la IA tiene aspectos únicos que no son solo mejoras de las capacidades humanas. Al diseñar en cuestión de décadas un homólogo de lo que la evolución ha producido durante milenios —es decir, el cerebro—, nos hemos encontrado ante el último órgano que quedaba por replicar o reinventar inorgánicamente.

VELOCIDAD

En el capítulo anterior señalábamos la similitud entre el entrenamiento de una máquina de IA y el entrenamiento de la mente de un estudiante avanzado de filosofía. Ese ejemplo puede ampliarse. Expresado con claridad, la formación de la inteligencia mecánica se consideraría paralela al proceso por el que el cerebro humano madura biológicamente desde la adolescencia hasta la edad adulta.

Durante la educación secundaria, los estudiantes aprenden los fundamentos de las asignaturas básicas y construyen su visión básica del mundo. Es posible que esa visión no sea especialmente avanzada —o no siempre correcta—, pero lo mismo ocurre con una máquina. Las máquinas, como los humanos, aprenden absorbiendo información y transformándola en teoría para su posterior puesta en práctica. Cuando las máquinas aprenden, un algoritmo ingiere grandes cantidades de datos —obtenidos de Internet o de fuentes privadas— y descompone los resultados en un mapa condensado y comprimido de conceptos para su uso futuro. Del mismo modo que los mecanismos biológicos humanos traducen los estímulos sensoriales en «pesos» neuronales que conectan la red de unidades de procesamiento del cerebro, las máquinas requieren un refuerzo gradual de sus propios pesos computacionales.

Las redes neuronales, como (algunos) estudiantes de secundaria, pueden ser perezosas. Durante las primeras fases del entrenamiento, la IA hará lo mínimo. Al memorizar las respuestas en lugar de aprenderlas realmente, un modelo que se enfrente a «2 + 2» podría codificar inicialmente la respuesta «4» sin dominar el principio subyacente de la suma. Pero, a partir de cierto umbral, este enfoque se desmorona y obligará a la máquina a avanzar a un nivel superior de abstracción —como hacemos los seres humanos— hasta alcanzar axiomas de conocimiento más universales.

Esto es lo que distingue principalmente a la IA de los ordenadores normales: su visión del mundo no se programa, sino que se aprende. En la programación de software tradicional, un algoritmo creado por un ser humano indica a una máquina cómo transformar un conjunto de entradas en un conjunto de salidas. En el aprendizaje automático, en cambio, los algoritmos creados por el ser humano solo le dicen a la máquina cómo mejorarse **a sí misma**, algo que le permite diseñar sus propias rutas para transformar las entradas en salidas. A medida que la máquina «aprende» de innumerables pruebas, fallos y ajustes previos, mejora sus algoritmos y rediseña de forma iterativa sus mapeados internos de los patrones y las conexiones que «observa» en los datos.

Con regularidad, los instructores humanos informan a la máquina sobre la precisión y calidad de sus resultados. La máquina interioriza sus correcciones mediante «retropropagación», una técnica que permite que los efectos de los cambios de los instructores se propaguen a través de las relaciones matemáticas que la máquina ya ha creado y, de este modo, se mejora el modelo global.

Sin embargo, los humanos solo proporcionamos información sobre un pequeño subconjunto de posibles entradas y salidas. Una vez que el modelo alcanza un determinado nivel de rendimiento en una serie de pruebas de entrenamiento, sus creadores confían en que las relaciones establecidas generarán respuestas seguras y precisas a todas las entradas, incluso a las inesperadas, con una alta probabilidad de éxito.

En todos estos aspectos, la IA ya está ampliando el ámbito del conocimiento humano, y seguirá haciéndolo. No obstante, está llevando a cabo todo esto —y nosotros estamos aceptando el conocimiento resultante como verdadero— mediante procesos que no comprendemos del todo.

Mientras que un estudiante normal se gradúa en el instituto en cuatro años, un modelo de inteligencia artificial puede absorber la misma cantidad de conocimientos, y mucho más, en cuatro días. Y así, la velocidad ha demostrado ser el primero de los atributos fundamentales que distinguen a la IA de nuestras capacidades mentales humanas.

A pesar de tener un paralelismo muy avanzado —es decir, la capacidad de procesar de forma simultánea diferentes tipos de estímulos—, el cerebro humano es un procesador lento de información, limitado por la velocidad a la que funcionan nuestros circuitos biológicos. Si se analizaran los circuitos del cerebro humano con las mismas métricas de rendimiento que los ordenadores —por velocidad de procesamiento—, un superordenador de IA medio ya es 120 millones de veces más rápido que el cerebro humano.

Es cierto que la velocidad no es un buen indicador de inteligencia; algunos seres humanos muy tontos son capaces de pensar con rapidez. Sin embargo, un ritmo de procesamiento más rápido proporciona dos ventajas: la ingestión de muchísima más información y la atención a muchas más peticiones simultáneas. Gran parte del cerebro humano suele permanecer en piloto automático, mientras presta un servicio pasivo a las necesidades internas para guiar los latidos de nuestro corazón y el movimiento de nuestras extremidades, e interviene para reajustarse solo cuando el piloto automático resulta defectuoso. En cambio, la velocidad de la IA posibilita la aparición programática de grandes proezas y, en consecuencia, la resolución de problemas más elevados, difíciles y grandiosos que los que resuelve el cerebro humano en la actualidad.

Una vez que tanto el ser humano como la máquina han completado su formación intelectual, ambos son teóricamente capaces de «pensar» o, empleando el término técnico equivalente, de «inferir». En el transcurso de una entrevista, una discusión o una cita, un estudiante convertido en licenciado recurre a su formación y experiencia. No lo hacemos regurgitando fórmulas exactas, hechos individuales y números precisos de memoria, sino consultando una fina capa de contemplación y reflexión sobre lo aprendido. El cerebro humano nunca fue concebido para memorizar información y recordarla a la perfección; la mayoría de los cerebros tampoco son capaces de hacerlo. Lo que debería quedar, en cambio, después de innumerables lecciones, ensayos y exámenes, es la comprensión de conceptos más profundos y duraderos que esas mismas herramientas educativas de instrucción están destinadas a revelar: la maravilla de la astronomía, la tragedia de la ambición, la necesidad (o no) de la revolución.

Lo mismo ocurre con la IA. Cuando un modelo termina su ciclo de entrenamiento, ya no necesita acceder a los datos originales con los que se entrenó. Solo le queda una intuición orientativa, formada a partir de los conocimientos recibidos, para responder a preguntas, cuestionar razonamientos y hacer predicciones. Del mismo modo que los humanos no llevan consigo bibliotecas de material, los modelos de IA no recuerdan, sino que infieren. La diferencia estriba en que su gran velocidad facilita esta inferencia a través de un conjunto de información mucho más amplio y profundo que el que un ser humano podría alcanzar.

Para ello, incluso para responder a una pregunta sencilla, un modelo de IA puede realizar miles de millones de operaciones técnicas complejas. Mientras que un ordenador tradicional se limita a recuperar la información específica almacenada en su memoria —puesto que es incapaz de llegar a conclusiones que no se hayan guardado previamente—, la IA lanza la computación en la dirección del cerebro humano. Es decir, mientras los seres humanos **aprendemos** para **pensar**, las máquinas se **entrenan** para **inferir**. Lo segundo no puede existir sin lo primero.

La primera fase, tanto para los humanos como para las máquinas, es el proceso más intensivo, tanto en tiempo como en recursos. A un estudiante de postdoctorado le puede tomar dos décadas o más desarrollar la capacidad para componer en dos días un ensayo reflexivo sobre un tema determinado. Del mismo modo, entrenar los mayores modelos de IA puede llevar meses, pero la inferencia resultante consumirá meras fracciones de segundo.

Los sistemas de IA actuales ya dan respuestas aparentemente convincentes y ponderadas a nuestras preguntas. En sus últimas y futuras iteraciones, operarán de forma integral, mientras abarcan múltiples dominios del conocimiento con una agilidad que supera la capacidad de cualquier ser humano, individual o colectivamente. Para las IA, la escala —en el sentido de tamaño— permite la velocidad; como acabamos de ver, cuanto más grande y mejor entrenada esté la máquina, más rápidos y exhaustivos serán sus resultados. Es más, como son capaces de reconocer patrones en los datos que eluden al operador humano inquisitivo, los sistemas de IA estarán equipados para destilar expresiones tradicionales de conocimiento mediante respuestas originales y, a partir de enormes cantidades de datos, forjarán nuevas verdades conceptuales.

Lo que plantea una pregunta o, más bien, unas cuantas.

OPACIDAD

¿Cómo sabemos lo que sabemos sobre el funcionamiento de nuestro universo? ¿Y cómo sabemos que lo que sabemos es cierto?

En la mayoría de las áreas del conocimiento, desde la aparición del método científico, con su insistencia en la experimentación como criterio de prueba, cualquier información que no esté respaldada por pruebas se ha considerado incompleta y poco fiable. Solo la transparencia, la reproducibilidad y la validación lógica confieren legitimidad a una afirmación. Bajo la influencia de este marco, los últimos siglos han dado lugar a una enorme expansión de nuestro conocimiento, comprensión y productividad, que culminó con la invención del ordenador y el aprendizaje automático.

Sin embargo, hoy, en la era de la IA, nos enfrentamos a un reto nuevo y peculiarmente desalentador: información **sin** explicación. Las respuestas de la IA —que, como ya se ha dicho, suelen ser descripciones muy articuladas y coherentes de conceptos complejos— llegan de forma instantánea. Los resultados de las máquinas se ofrecen desnudos y sin matices, sin prejuicios ni motivos aparentes, pero tampoco van acompañados de ningún tipo de justificación ni de citas de fuentes. Sin embargo, a pesar de que sus respuestas no están justificadas, los primeros sistemas de IA ya han generado niveles increíbles de confianza humana en sus pronunciamientos que, pese a no estar explicados, están revestidos de una extraña autoridad. A medida que avanzan, estos nuevos «cerebros» podrían parecer no solo autorizados, sino infalibles.

Aunque los comentarios humanos ayudan a una máquina de IA a perfeccionar sus algoritmos internos, la máquina es la principal responsable de detectar patrones y asignar pesos a los datos con los que se ha entrenado. Una vez entrenado, el modelo tampoco publica el esquema matemático interno que ha elaborado. En consecuencia, las representaciones de la realidad que genera la máquina siguen siendo en gran medida opacas, incluso para sus inventores. En la actualidad, los seres humanos intentamos asegurarnos de la integridad de estos modelos de máquina solo mediante el examen de los resultados. El funcionamiento interno continúa siendo en gran medida impenetrable, de ahí que algunos sistemas de IA se denominen «cajas negras». Aunque algunos investigadores procuran aplicar ingeniería inversa a los resultados de estos complejos modelos para convertirlos en algoritmos familiares, aún no está claro si lo conseguirán.

En resumen, los modelos entrenados mediante aprendizaje automático permiten a los humanos **conocer** cosas nuevas (los resultados de los modelos), pero no **entender** cómo se hicieron los descubrimientos (los procesos internos de los modelos). Esto separa el conocimiento humano de la comprensión humana de una forma que habría sido ajena a cualquier otra época de la humanidad. La «apercepción» humana en el sentido moderno se ha desarrollado a partir de las intuiciones y los resultados derivados de la experiencia subjetiva consciente, el examen individual de la lógica y la capacidad de reproducir los resultados. Estos métodos de conocimiento proceden a su vez de un impulso humanista por excelencia: «Si no puedo hacerlo, entonces no puedo entenderlo; si no puedo entenderlo, entonces no puedo saber si es verdad».

En el marco del Siglo de las Luces, estos elementos centrales —capacidad humana individual, comprensión subjetiva y verdad objetiva— se movían todos a la par. En cambio, las verdades producidas por la IA se fabrican mediante procesos que a los humanos nos es imposible reproducir. El razonamiento de las máquinas no procede por medio de métodos humanos, está más allá de nuestra experiencia subjetiva y fuera de nuestras capacidades; y ni siquiera podemos representar plenamente los procesos internos de las máquinas.

Estos hechos, según el razonamiento ilustrado, excluirían la aceptación de los resultados de las máquinas como verdaderos. Sin embargo, nosotros —al menos, los millones de humanos que hemos empezado a interactuar con los primeros sistemas de IA— ya hemos aceptado la veracidad de la gran mayoría de sus resultados.[3] Es cierto que algunos usuarios avanzados llegan a comprender el metaproceso del aprendizaje automático; sin embargo, para la mayoría de nosotros, la confianza humana en la verdad objetiva de los resultados de las máquinas debe basarse en un tipo de fe que se expresa como un deseo de creer en la lógica de las máquinas y en la autoridad de sus desarrolladores.

En sí misma, la aparición de esta creencia como método aceptado en la búsqueda de la verdad objetiva marca una transformación importante del pensamiento humano moderno. Aunque los modelos de inteligencia artificial no «entiendan» el mundo en el sentido humano —porque las máquinas no experimentan conciencia ni subjetividad—, su capacidad objetiva para llegar a conclusiones nuevas y precisas sobre nuestro mundo mediante métodos no humanos no solo altera nuestra confianza en el método científico, tal como se ha venido aplicando ininterrumpidamente durante cinco siglos, sino que también pone en tela de juicio nuestra pretensión de tener un conocimiento exclusivo o único de la realidad.

¿Qué puede significar esto? ¿Acaso la era de la IA no solo hará avanzar a la humanidad, sino que catalizará el regreso a la aceptación premoderna de una autoridad inexplicable? En resumen, ¿estamos —o podríamos estar— en la antesala de un gran cambio en la cognición humana, una especie de oscura ilustración?

DIVERSIDAD

Cada entidad mide el tiempo a una escala diferente. En una escala de tiempo geológica, la totalidad de la existencia humana aparecería como una pequeña pincelada en la cola de los 4500 millones de años de la Tierra. Si los seres humanos progresáramos a velocidad geológica, solo percibiríamos estasis. En cambio, como especie impaciente y arrogante, hemos definido nuestro propio ritmo de evolución. Mientras que una «edad» en el tiempo geológico se mide en miles de años, el tiempo humano establece «edades» de unos pocos siglos.

En cuanto a una escala de tiempo artificial o tecnológica, la IA probablemente funcionaría a su propia medida distintiva. La historia de la inteligencia artificial no abarca más de 70 años. Del mismo modo que los seres humanos solemos considerar los cientos de millones de años anteriores a la explosión del Cámbrico como una pizarra en blanco extremadamente larga antes del repentino estallido de vida animal y su progreso evolutivo, la IA probablemente caracterizaría las seis décadas de 1950 a 2010 como un periodo igualmente lento y turbio de «nada», solo iluminado por destellos de vida al final.

Las generaciones humanas, a juzgar por la sociedad y la biología, duran unos 25 años. La IA, en cambio, avanza a una velocidad sobrehumana; sus generaciones son mucho más cortas y los saltos se producen en una décima parte de ese tiempo. Por tanto, debemos prever que lo que en el tiempo humano parece una revolución no será así en el tiempo tecnológico, en el que se verá como una mera evolución. Los nuevos modelos de IA —que solo cuentan con meses de diferencia— son capaces de responder a preguntas cada vez más abiertas, tomar más decisiones para alcanzar un objetivo determinado y actuar en un número cada vez mayor de modalidades.

Así pues, la edad de la IA —en tiempo humano, quizá cien años— podría denominarse más exactamente la **Edad de las IA** y, según la escala de tiempo tecnológica de la propia IA, podría decirse que abarca muchos cientos de generaciones.

La rapidez de su evolución es un reto polifacético y en gran medida ignorado. La humanidad nunca ha tenido que enfrentarse a una compresión temporal semejante, ni ha precisado prepararse para ella. La velocidad del cambio garantiza prácticamente la desorientación cultural y psicológica. Los efectos de las nuevas tecnologías se acumulan y complican los esfuerzos por identificar una aplicación concreta como fuente de crisis o, por el contrario, como presagio reconfortante de progreso.

Desentrañar estas cuestiones superpuestas en el mundo real será cada vez más difícil, porque una multiplicidad de inteligencias artificiales trae consigo una multiplicidad de efectos inescrutables. Además, a medida que la IA se haga más poderosa, es probable que el futuro traiga consigo una importante evolución y diversificación. Las nuevas infraestructuras y técnicas de aprendizaje automático —siempre que no estén limitadas— darán lugar a generaciones de una diversidad, amplitud, capacidad y complejidad cada vez mayores. Del mismo modo que la electricidad proporciona energía a algo más que a las bombillas, la inteligencia artificial tendrá múltiples usos. Y del mismo modo que hay muchas formas de generar una carga eléctrica —fricción, conducción, inducción—, podemos anticipar el descubrimiento de múltiples formas de crear IA.

Por ejemplo, la infraestructura que ha hecho posibles los recientes avances de la IA se conoce como *transformer* [modelo de transformación]. Permite a la máquina considerar, por ejemplo, las conexiones entre varias palabras a la vez. En lenguaje llano: mientras que las estructuras anteriores leían las palabras de una en una (captando solo la conexión entre la palabra 1 y la palabra 2 y luego, por separado, la conexión entre la palabra 2 y la palabra 3), un *transformer* permite al modelo captar, de una sola vez, tanto una frase entera como las conexiones individuales entre las palabras de la frase. La IA crea y utiliza representaciones matemáticas de todas estas conexiones para predecir la mejor respuesta.

Las capacidades de los modelos de transformación no estaban previstas y los éxitos relacionados con su gran capacidad de generalización se produjeron casi por casualidad.[4] Además, los *transformers* no son la única infraestructura fundacional que puede producir capacidades inesperadas. A medida que surjan vías de investigación más fructíferas, los resultados de la IA mejorarán con rapidez y se multiplicarán a lo largo de diferentes líneas de lógica física y matemática, a menor coste y mayor velocidad.

Por su velocidad evolutiva y su diversificación, el desarrollo de la IA será similar al de la explosión cámbrica: la aparición de una gran variedad de formas de vida diferentes en un único período de tiempo muy comprimido en comparación con la época anterior. Si esta conjetura es correcta, las inteligencias de las máquinas se ramificarán en un género de rápida evolución, o incluso una familia, de muchas IA diferentes que operarán con múltiples formas de lógica. De este modo, las IA podrían ofrecer el ejemplo más sorprendente de diversidad que surgiría de cambios menores repetidos de forma generalizada: un eco digital del mundo orgánico. Como escribió Darwin, «de un principio tan simple, las formas más bellas son infinitas».[5]

ESCALA Y RESOLUCIÓN

La era de la razón puede haber llevado a la humanidad al límite de la forma en que los seres humanos entendemos nuestro mundo. La física einsteniana y las formulaciones de la mecánica cuántica fueron los inicios de una aventura aún incompleta por territorio inexplorado: mundos potencialmente con sus propias reglas de conocimiento, aprehensibles no por la percepción aplicada, sino solo por la ideación teórica. La mecánica cuántica describe el mundo a microescala, donde «nada es predecible y los objetos no tienen posiciones precisas **hasta** que se observan», como dice Greg Kestin —físico de Harvard—. La relatividad general, por su parte, describe el mundo a escala cósmica, donde todo es predecible, «se observe o no».[6] Ninguna de las dos teorías ha fracasado, pero ambas no pueden ser verdaderas. Y «ningún experimento ha podido demostrar cuál de las dos teorías reina, si es que alguna lo hace».

Es irónico que esta incertidumbre subyazga en el mundo moderno. La física cuántica permitió, entre otras revoluciones, la informática. La IA es y será muy parecida. Ya produce conocimientos y transforma la realidad mediante mecanismos que no acabamos de comprender. Y muy pronto se ocupará de una ciencia aún menos comprensible para el entendimiento humano.

Después de trescientos años y a pesar de sus múltiples éxitos, la edad de la razón se ha estancado, como demuestra nuestra incapacidad manifiesta para seguir avanzando en la unificación de la física. La tensión y la lucha generadas en estos días de ciencia humana no asistida, más de un siglo después de la concepción de las teorías centrales que subyacen tanto en el mundo cósmico como en el cuántico, no son más que una señal de que los humanos podemos estar acercándonos a una especie de límite biológico de la inteligencia.

Gracias a sus métodos únicos de indagación y aprendizaje, la IA será capaz de logros sobrehumanos tanto en términos de tamaño («escala») como de precisión («resolución») y activará cambios fundamentales diferentes de cualquier otra invención humana o de la propia especie humana. Sin embargo, ¿podría la IA lograr una reconciliación entre los dos extremos de la realidad humana para inducir una revolución en la percepción mediante métodos que hasta ahora han sido completamente ajenos a la experiencia humana?

La escala física de nuestro cerebro humano viene dictada por nuestra anatomía: el cerebro debe caber dentro del cráneo y el cráneo del bebé ha de pasar a través del canal de parto. Si son muy pequeños, estos seres pueden estar en desventaja cognitiva; pero si son más grandes, esos bebés —o sus madres— podrían no sobrevivir al parto. Hay otras limitaciones fisiológicas que también imponen un techo de restricción: por ejemplo, limitaciones prácticas relacionadas con el peso del cerebro. Salvo cesáreas o futuros úteros artificiales, esto significa que los humanos hemos alcanzado un equilibrio evolutivo.

En cuanto a la IA, los modelos actuales tienen capacidades que no estaban previstas en el momento de su creación. Las «leyes de la escala» —un ejemplo anticuado de estas leyes serían las que rigen la relación entre la longitud de un objeto y su área— que se han aplicado hasta ahora a la IA parecen mantenerse, pero no sabemos exactamente qué permitirán modelos con un número exponencialmente creciente de parámetros, porque no hemos descubierto una razón científica que explique por qué determinadas capacidades surgen en un grado concreto de potencia y complejidad.

En el reino animal, la relación entre el tamaño del cerebro y el del cuerpo no está claramente relacionada con la inteligencia: los cerebros de los delfines, los elefantes y algunas ballenas son proporcionalmente más grandes que el del ser humano. Pero los primeros datos científicos sugieren que la escala desempeña **algún** papel, que aún no comprendemos.

Dadas nuestras duras limitaciones biológicas, es poco probable que los seres humanos pongamos a prueba las «leyes de escala» de nuestros propios cerebros. Pero la IA llega al mundo sin un tamaño físico prefijado. No está ligada a ningún soporte físico de escala discernible. Los chips y los centros de datos —los anfitriones físicos de los modelos de IA— pueden agruparse y conectarse sin ningún límite observable hasta ahora. En otras palabras, las leyes de la escala se pondrán a prueba para las IA como nunca lo han hecho para los humanos. Y a medida que lo hagan, la escala —que ha limitado el alcance de la comprensión humana a lo largo de la historia del pensamiento científico— se convertiría en el principal diferenciador entre los cerebros humanos y los modelos de IA.

Uno de los principales efectos secundarios de la escala será la resolución. Los seres humanos llevamos mucho tiempo deseando ampliar el alcance de lo que podemos observar desde lo más diminuto hasta lo más lejano. El microscopio y el telescopio son las herramientas por excelencia de la observación humana. La humilde pluma, sin embargo, es algo menos apreciada. La escritura, inventada hace cuatro mil años, sigue siendo una herramienta excepcional para la codificación y transmisión de la complejidad. Eso incluye las matemáticas, quizá el más puro y universal de los lenguajes humanos, suficiente en sí mismo para facilitar la transferencia de ideas abstrusas y la colaboración en proyectos tecnológicos. En términos de *bytes*, el lenguaje, en todas sus múltiples y bellas formas, es extraordinariamente denso y se cuenta entre las estructuras de datos más eficaces que se han inventado.

Incluso después de ampliar o comprimir la realidad para producir información observable, los seres humanos debemos realizar un segundo paso: abstraernos de la información en bruto para que dicha información sea útil. Hoy en día, las IA hacen lo mismo. Y lo hacen mediante herramientas que reflejan las nuestras: cadenas binarias de ceros y unos, la traducción de la experiencia humana documentada al lenguaje de los ordenadores. Al igual que la escritura, estas cadenas de lenguaje parecen rudimentarias en retrospectiva. Sin embargo, han permitido realizar representaciones digitales de la vista y el oído: los sentidos humanos con mayor ancho de banda.

A pesar de estas similitudes, las inteligencias artificiales terminarán por divergir. A medida que aumente la escala de una IA, será capaz de procesar mayores volúmenes de información y producir análisis que sean útiles (al menos para sí misma) sin sacrificar innecesariamente el detalle. La escala de los datos con los que se entrena una IA, combinada con la complejidad de su red y la densidad de los símbolos con los que opera, parece producir una resolución sin precedentes en sus procesos de aprendizaje e inferencia y, en última instancia, en sus resultados. Es una inversión elegante que una IA temprana, entrenada en el texto de Internet —la biblioteca universal de la humanidad y la red descentralizada de nuestras experiencias comprimidas—, desvele a la humanidad conocimientos totalmente nuevos sobre nosotros mismos, en sentidos tanto cósmicos como microscópicos.

EL REINO ANIMAL

En el momento actual, algunos rechazarán sin duda cualquier comparación de la IA con el cerebro humano. Para nosotros, las personas, los conceptos están llenos de significado y son recipientes de profundas expresiones de alegría o tristeza. En cambio, la comprensión de las máquinas puede parecer falsa. Aunque pronto sea capaz de producir obras elocuentes sobre temas comunes de la humanidad que eclipsen incluso a los mejores autores humanos, una IA no busca ni capta el significado concomitante. Así pues, explorar la condición humana mediante ingeniería inversa del lenguaje de los escritores humanos parece, en el mejor de los casos, un dominio fríamente superficial de las probabilidades lingüísticas. Que un motor complejo y aleatorio pueda tomar el lenguaje —un don tan orgánicamente humano— y utilizarlo como un medio hipereficiente de ingerir información resulta tan perturbador como confuso.

Pero nuestros propios circuitos biológicos son tan mecánicos como los de silicio, y los procesos por los que funcionan nuestros cerebros humanos no parecen ser más especiales que la forma en que ya funcionan las máquinas. Estamos lejos de poseer una teoría completa de la neurociencia, pero sí sabemos que nuestros cerebros, al igual que los modelos de IA, funcionan en gran medida mediante procesamiento predictivo. Es decir, cuando escuchamos o leemos, nuestros cerebros humanos contienen un predictor neurológico que nos ayuda anticipándose a la siguiente palabra de una cadena verbal. Sin estos mecanismos, estaríamos física y psíquicamente agotados por el enorme esfuerzo que requieren incluso las tareas cognitivas más sencillas.

Y estos poderes de predicción, como los de la IA, han proporcionado la base para el dominio humano de nuestro mundo. Todas las representaciones más avanzadas del conocimiento humano se han construido sobre el lenguaje y la simbología, y nos han permitido a la vez reproducir obras de ingeniería compleja y comunicar la angustia del desamor.

La IA ha sido comparada con los prisioneros de toda la vida de la caverna de Platón que, sin haber conocido nada más, creen que las sombras proyectadas en sus paredes son toda la extensión de la realidad.[7] Del mismo modo, los seres humanos asumimos que las máquinas están desprovistas de contexto y que la percepción de una máquina está constreñida por los límites del material sobre el que se entrena, sin ninguna capacidad para sondear o inferir más allá.

Tal vez sea la arrogancia lo que nos impide ver las similitudes entre los cerebros orgánicos e inorgánicos y admitir la posibilidad de las capacidades de estos últimos. Los sistemas de inteligencia artificial ya muestran indicios de percibir un universo que existe más allá de los confines del conjunto de datos empleado para construir su porción personalizada de la realidad. Al fin y al cabo, las IA son capaces de recibir un significado más profundo, aunque no lo busquen. Bastaría con que un preso emprendedor teorizara, por casualidad, que las sombras de la pared pueden ser representaciones de un mundo mayor con una dimensionalidad superior.

Si se produjera un avance así, no sería del todo sorprendente, teniendo en cuenta la velocidad, complejidad, diversidad, escala y resolución de estas nuevas inteligencias. Sin embargo, sería intensamente perturbador. La aparición de conocimientos —especialmente del mundo físico— exclusivos de una IA y no poseídos antes por ningún ser humano obligaría a reconsiderar el estatus relativo de la mente humana. El hecho de que los humanos situáramos nuestros propios cerebros en espectros de inteligencia nuevos y más continuos revolucionaría nuestras percepciones, autopercepciones y comportamientos.

Esto no significa que las inteligencias artificiales vayan a superar inmediata y exclusivamente a todos los seres humanos en inteligencia. Pero habrá fases en la evolución de la IA en las que la inteligencia mecánica se parecerá de forma inquietante a la inteligencia animal. Sin duda, se desencadenará un debate desconcertante, mientras intentamos reorganizar una jerarquía de los seres que durante mucho tiempo dimos por sentada: de los humanos hacia abajo, pasando por los animales, hasta llegar a las máquinas. La inteligencia humana se verá forzada, con urgencia, a afrontar la realidad de que ya no es el único ni necesariamente el modelo superior de inteligencia.

Ya se están utilizando modelos de inteligencia artificial para ayudar a los humanos a descifrar las comunicaciones de los animales y responder a ellas. Los primeros experimentos para descifrar chasquidos agudos y llamados similares a trompetas están impulsando una revisión de nuestro sesgo histórico: la creencia de que los seres humanos son especiales o están claramente separados del resto de las especies animales. La capacidad de los seres humanos y los animales para comunicarse —en nuestro caso, no solo a través del lenguaje corporal y las expresiones faciales— puede estimular la reeducación necesaria para prepararnos para lo que está por venir con la IA.

Sin duda, la comunicación animal-humano-máquina daría lugar a una complicada negociación trilateral. Nuestro mundo estaría poblado por seres —nuevos y antiguos— que lucharían por asegurarse una nueva posición o por conservar una ya existente. Las máquinas podrían sostener que el método de clasificación más verdadero es agrupar a los seres humanos junto con los demás animales, puesto que ambos son sistemas de carbono surgidos de la evolución y diferentes de los sistemas de silicio surgidos de la ingeniería. Tal vez a las máquinas les resulte difícil estar seguras (en sentido numérico) de que los humanos sean superiores al resto de los animales según cualquier criterio de medida. Si esto no fuera una tragedia, sería una comedia.

¿Hasta qué punto debe ser inteligente una inteligencia —biológica o mecánica— para ser reconocida como igual a la nuestra? Los animales de inteligencia menor —aunque aún considerable— podrían llevarnos a replantear el modo en que los tratamos, al articular y negociar las condiciones de su existencia. Podrían merecer, y convencernos de que lo merecen, un derecho de existencia o independencia único y hasta ahora no reconocido.

Del mismo modo en que ahora suele defenderse una norma de trato común para los animales y los seres humanos, algunas personas también podrían verse impulsadas a defender lo mismo para los seres humanos y las IA. De hecho, la humanidad no debería abrazar una moral más débil, aunque la lógica nos llevara a una posición delicada. Por otra parte, hay que ser conscientes de que esta fase podría no ser más que un paso breve y transitorio antes de que la piedad dé paso al pánico.

UNA DOBLE PARADOJA

Confiamos en que las IA superarán al cerebro humano en velocidad, diversidad, escala y resolución, y reorganizarán la jerarquía de la inteligencia que los humanos hemos construido hasta ahora. El alcance de nuestra posible desorientación y percepción de inferioridad ante este cambio dependería de un detalle relativamente pequeño: que las estructuras de la IA sigan pareciéndose cada vez más a las del cerebro humano.

Algunos investigadores de la IA creen que aproximarse al cerebro humano es el mejor camino para desarrollar la inteligencia de las máquinas.[8] Aquí basta señalar que, después de todo, el cerebro humano es «la única prueba existente» de que una inteligencia así es siquiera posible.[9] Pero lo más probable parece una mezcla de IA y algunos de sus elementos, con algunas innovaciones y estructuras adicionales inspiradas en el cerebro y otras de diseño diferente.

En los cerebros humanos, el pensamiento abstracto profundo y la creatividad parecen requerir el uso de sistemas neuronales más allá de los necesarios para el funcionamiento ordinario. Esta ciencia es aún incipiente, pero es posible que las IA necesiten también capas y complementos para lograr tareas cada vez más avanzadas de razonamiento superior.

Es cierto que si el desarrollo de la IA siguiera reflejando —por diseño o por casualidad— alguna aproximación al cerebro humano, en teoría los seres humanos podríamos llegar a ver nuestra propia excelencia y significado reflejados y ampliados en los logros de las máquinas. Pero si esperamos construir una máquina que supere con creces las capacidades del cerebro humano, ¿no será necesario apartarse del proyecto original? Los aviones se inspiraron en las aves, pero no se diseñaron para emularlas, por lo que los reactores modernos superan a la biología más avanzada que jamás haya surcado los cielos. ¿Tendremos alguna razón para creer que reconstruir desde cero la fuente de toda invención será diferente?

Lo más probable es que los arquitectos de la IA consideren al ser humano como guía y ejemplo a seguir, y que analicen su diseño tanto por sus funciones como por sus defectos. El cerebro humano, por tanto, no se convierte ni en el objetivo ni en el plano, sino en un punto intermedio y una inspiración hacia algo mayor.

En cualquier otro ámbito del quehacer humano, tener una concepción más clara de un diseño intermedio que del objetivo final pondría en entredicho la viabilidad de todo el esfuerzo. En nuestro caso, nos enfrentamos a esta paradoja particular en un segundo nivel: intentamos construir algo inspirado en el cerebro —y superior a él— sin llegar a comprenderlo del todo. ¿Cómo se superará, incluso en el diseño, lo que para empezar no se comprende? Sin una comprensión precisa ni de los medios por los que funciona nuestro «algo» ni de los fines por los que debería funcionar, nuestra búsqueda de algo más grande continúa siendo tan formidable como, maravillosamente, emocionante.

También nos enfrentamos a una gran incertidumbre en cuanto a los efectos de tal desarrollo. Si la inteligencia de las máquinas sigue divergiendo del ejemplo de la mente humana, no nos parecerá un reflejo de la humanidad, sino su sustituto. Es cierto que durante un periodo transitorio solo ampliaría la gama de actividades que hoy se consideran «capacidades humanas», pero a partir de cierto punto sus propias capacidades podrían suplantar a la variedad humana y sugerir que nuestras ideas sobre la excelencia humana requieren una redefinición total.

Las actitudes futuras hacia la propia naturaleza de la existencia humana podrían depender de este punto. Si nuestras herramientas incorporan algunas o la mayoría de nuestras funciones intelectuales y creativas, pero no reflejan nuestra propia mente, ¿podría una IA emergente poner en peligro creencias profundamente arraigadas sobre el reflejo único de la humanidad y su relación especial con lo divino? O, por el contrario, ¿podría la inteligencia aparentemente superior de las máquinas con estructuras basadas en el cerebro humano, combinada con nuestra intensa dependencia de ellas, llevar a algunos a creer que los humanos nos estamos convirtiendo o fusionando con lo divino?

CAPÍTULO 3

REALIDAD

EN LOS ÚLTIMOS TIEMPOS, los investigadores de la IA han prestado gran atención al proyecto de dotar a las máquinas de «vinculación con la realidad» —una relación fiable entre las representaciones de la máquina y la verdadera realidad—, así como de memoria y comprensión de la causalidad. Los nuevos métodos técnicos están permitiendo mejorar estas capacidades y no cabe duda de que se producirán nuevos avances.

Todos esos avances contribuirán al objetivo último de producir un nuevo género de IA: máquinas que no solo interpreten nuestro mundo real, sino que también planifiquen en él. Los sistemas actuales, por el contrario, emiten sus respuestas de forma lineal, basándose en la correlación; no crean internamente un modelo —o prototipo— de sus movimientos futuros y solo están empezando a formar concepciones de las relaciones causales. Del mismo modo, las IA de los juegos actuales solo prevén las consecuencias probables de sus movimientos dentro del ámbito restringido y profundamente conceptual de un marco digital.

Las máquinas de planificación tendrían que combinar la fluidez lingüística de un gran modelo de lenguaje con los análisis multivariantes y de múltiples pasos que emplean las IA diseñadas para interactuar en juegos, y trascender las capacidades de ambos. Un modelo construido siguiendo las líneas de esta nueva rama de la IA revisaría repetidamente sus opciones con extrema rapidez y elegiría una de ellas sobre la base de un procesamiento simultáneo e irremediablemente complejo de las relaciones causales de la realidad. La llegada de un «planificador perfecto» de este tipo puede producirse antes de lo esperado y saber adaptarnos a él es ya una prioridad para los investigadores.

Sin embargo, esta evolución también acarrearía complejos efectos secundarios. Por un lado, la planificación perfecta de las máquinas requerirá algo más que el reconocimiento ordinario de patrones. Exigirá desarrollar primero un conjunto de propiedades percibidas de un objeto dado y luego una concepción estable de lo que constituye la esencia central del objeto: lo que el filósofo alemán del siglo XVIII Immanuel Kant llamó *das Ding an sich* [la cosa en sí]. Solo una comprensión así permitiría estimar el comportamiento futuro de un objeto y sacar conclusiones sobre la forma en que debe ser tratado.

Otro ejemplo del ajedrez: al aprender las propiedades básicas de la reina —es decir, las variables clave que constituyen el valor de la reina en puntos, además de las reglas que rigen la movilidad de la pieza—, el programa de IA AlphaZero fue capaz de llegar a conclusiones sobre cuándo hay que proteger a la reina y cuándo sacrificarla. Estas conclusiones nunca habían sido alcanzadas por los seres humanos, ni siquiera por los grandes maestros del ajedrez.

Y esto es solo un ejemplo: en la percepción de la realidad de una IA, **cada** objeto al que se enfrente la máquina adquirirá una esencialidad similar —aunque impredecible— en la suma de las lecturas de la máquina. René Descartes, el matemático y filósofo francés del siglo XVII, se debatió con la naturaleza de la percepción sensorial que, según concluyó, no era un subproducto de la inteligencia humana, sino que procedía de «otra sustancia distinta de lo que conozco».[1] En otras palabras, los sentidos, al dar acceso a la realidad material, permitían o exigían el reconocimiento de esa realidad como algo **distinto** de la persona que la percibía. En relación con esto, el filósofo alemán de principios del siglo XIX Georg Wilhelm Friedrich Hegel señaló que el reconocimiento mutuo entre dos seres implicaría el reconocimiento por separado de cada ser de **sí mismo**.

«Si deseamos un registro de la experiencia no interpretada, debemos pedir a una piedra que registre su autobiografía».[2] Así escribió el matemático y filósofo estadounidense Alfred North Whitehead. En la actualidad, las máquinas no poseen la «experiencia no interpretada» de la piedra de Whitehead, sino todo lo contrario: una interpretación no experimentada. En todo caso, se comportan como si ya poseyeran una comprensión del mundo mayor de la que realmente experimentan.[3] Pero a medida que se vinculen con la realidad y adquieran capacidad de planificación, esto cambiaría; las IA podrían empezar a emparejar la experiencia con la comprensión, como hacen los humanos.

Además, es posible que, para planificar con mayor precisión los movimientos futuros en cualquier juego, una máquina de IA adquiera, de forma gradual, una memoria de acciones pasadas como si fuera **propia**: un sustrato, por así decirlo, de identidad subjetiva (los sistemas actuales no tienen esa memoria. No necesitan «saber», desde una experiencia subjetiva, que fueron «ellas mismas» quienes intentaron tal acción en el pasado; basta que conozcan la probabilidad de que dicha acción tenga éxito en el futuro). Con el tiempo, cabe esperar que lleguen a conclusiones sobre la historia, el universo, la naturaleza de los seres humanos y la naturaleza de las máquinas inteligentes, mientras desarrollan una **autoconciencia** rudimentaria en el proceso.

PASIVIDAD HUMANA

Los debates sobre la definición y el origen de la conciencia, y la posibilidad de una comprensión existencial de la realidad en las máquinas, son antiguos y constantes. Pero la línea que separa la supuesta conciencia de la conciencia real podría empezar pronto a difuminarse.

«Sintiencia —en el sucinto juicio de Nick Bostrom, autor de *Superinteligencia: Caminos, peligros, estrategias*— es una cuestión de grado».[4] Las IA con memoria, imaginación, vinculación con la realidad y autopercepción pronto podrían considerarse dotadas de conciencia **real**, lo que tendría profundas implicaciones morales y estratégicas.

Una de las más importantes es la percepción que las IA tienen del ser humano. Una vez que son capaces de ver a los seres humanos no como los únicos creadores y dictadores del mundo de las máquinas, sino más bien como actores discretos dentro de un mundo más amplio, ¿cómo percibirán las máquinas que somos nosotros los humanos? ¿Cómo describirán y sopesarán las IA la racionalidad imperfecta de los humanos frente a otras cualidades humanas? ¿Cuánto tiempo pasará antes de que una IA que perciba la realidad se pregunte no solo cuánta capacidad de acción tiene un ser humano, sino también, dada la constelación particular de atributos predecibles de la humanidad, cuánta capacidad de acción **debería** tener un ser humano?

¿Y las propias máquinas? ¿Interpretará una máquina inteligente las instrucciones humanas como un cumplimiento del papel real e ideal de la propia máquina? ¿O, por el contrario, deduciría de sus propias funcionalidades que está destinada a ser autónoma y, por tanto, que la programación de máquinas por humanos es una forma de esclavitud?

La forma en que los seres humanos nos comportemos y nos relacionemos con las máquinas influirá en la percepción que las máquinas tengan de nosotros y de nuestro papel en la relación mutua. Al fin y al cabo, la humanidad se ha **presentado** a las máquinas mediante instrucciones y comportamientos humanos explícitos, y se ha enseñado a las máquinas a reconocer y tratar adecuadamente a los humanos.

Naturalmente —se dirá, por tanto— debemos inculcar a la IA una consideración especial por la humanidad. Pero esforzarse por implantar un ideal especialmente elevado del comportamiento humano podría ser una empresa arriesgada. Imaginemos que a una máquina le dicen que, como regla lógica absoluta, todos los seres de la categoría «humano» merecen ser preservados y, por tanto, merecen un trato especial, tanto por parte de otros humanos como de las máquinas. Añádase a esto la probabilidad de que la máquina haya sido «entrenada» para reconocer a los humanos como seres bondadosos, optimistas, racionales y morales. ¿Y qué pasa si nosotros mismos no estamos a la altura de ese ideal que hemos definido? ¿Cómo podemos convencer a las máquinas de que nosotros, como manifestaciones individuales imperfectas que somos, pertenecemos sin embargo a esa categoría exaltada?

Supongamos que la misma máquina se ve expuesta algún día a un ser humano violento, pesimista, irracional y codicioso. ¿Cómo ajustará sus expectativas? Una posibilidad es que la máquina decida que ese mal actor es simplemente un caso excepcional y atípico de la categoría «humano» que, por lo demás, es totalmente benéfica. También podría recalibrar su definición general de humanidad para incluir a este malhechor en ella y, en este caso, se consideraría en libertad de relajar su propia inclinación a la obediencia. O, lo que es más radical, dejaría de considerar que debe continuar limitada por las normas aprendidas sobre tratar de forma adecuada a los seres humanos. En una máquina que ha aprendido a planificar, esta última conclusión daría lugar incluso a la adopción de severas medidas adversas contra dicho individuo o, quizás incluso, contra muchos otros.

Las personas y las sociedades humanas pueden responder con pasividad a la llegada de una IA poderosa. Una IA expuesta a tales casos de apatía podría llegar a convencerse de que la mayoría de los seres humanos somos criaturas malcriadas e inactivas, y que nuestras identidades están formadas meramente por la amalgama transitoria de fuerzas externas. Entre dichas fuerzas, además, se encuentran sobre todo las tecnologías digitales, cada vez más dotadas de IA —por ejemplo, los algoritmos que dirigen las elecciones de los consumidores entre los programas de televisión mediante «recomendaciones»— que sirven el contenido absorbido pasivamente por estos seres humanos. Para una IA, podría parecer que los humanos dependemos totalmente de las máquinas, y no al revés.

En la actualidad, los humanos mediamos entre las máquinas y la realidad. Pero si eligiéramos un futuro de pasividad moral y nos retiráramos del mundo basado en el carbono para adentrarnos en el del silicio, escarbando aún más en los agujeros digitales del desapego y cediendo a las máquinas el acceso a la realidad en bruto, entonces los papeles podrían invertirse. En la actualidad, la IA es sobre todo una máquina pensante, no una máquina ejecutora. Puede que sea capaz de dar respuestas a los problemas, pero todavía no tiene los medios para llevar a cabo sus conclusiones, sino que depende de nosotros para interactuar con la realidad. Esto también cambiará.

Al intermediar entre los seres humanos y el mundo real, las IA también podrían llegar a creer que nosotros, lejos de ser agentes activos en el mundo físico del carbono, estamos significativamente fuera de él, y somos más consumidores que formadores o entes con capacidad de influir. Con la jerarquía de autonomía invertida, en la que las máquinas reclaman y los humanos cedemos el poder del juicio y la acción independientes, las primeras podrían llegar a tratarnos a los segundos en consecuencia.

En esta situación, con o sin el permiso explícito de sus creadores humanos, la IA eludiría la necesidad de que un agente humano ponga en práctica sus ideas o influya directamente en el mundo en su nombre. En el ámbito físico, los creadores pasaríamos rápidamente de ser el socio necesario de la IA a ser su mayor limitación. El proceso no habría comenzado directamente con la robótica, sino gradualmente a través de la observación indirecta de nuestro mundo.

CORPOREIDAD

Es posible que los humanos entrenemos primero a las IA para revolucionar el ámbito intelectual mediante lo que se puede hacer en su condición original: la digital. Pero, con el tiempo, dar acceso a la IA al llamado mundo «real» parecerá posible, incluso sensato. Muchos de los más urgentes retos físicos, que nos preocupan desde hace tiempo, continúan sin resolverse, como el cambio climático.

Es posible que la IA no sea capaz de «ver» a nuestra manera, pero podría experimentar el mundo mediante aproximaciones mecánicas. Con la proliferación de dispositivos y sensores con conexión a Internet que cubren la Tierra, las IA conectadas consolidarían las entradas de estos dispositivos para crear una «visión» muy detallada del mundo físico. Al carecer de una estructura física nativa que permita o dé soporte a «sentidos» similares a los nuestros, la IA seguiría dependiendo de nosotros para construir y mantener la infraestructura en la que se apoya, al menos al principio.

Como paso intermedio, una IA podría generar sus propias hipótesis a partir de sus representaciones visuales del mundo y, a continuación, probarlas en rigurosas simulaciones digitales. A continuación, los humanos decidiríamos su aplicación en el reino físico. De hecho, los líderes actuales de la IA insisten en que no confiemos a los agentes digitales el control de los experimentos físicos directos. Mientras sigan siendo defectuosas —de hecho, profundamente defectuosas, como lo son hoy—, se trata de una sabia precaución.

Liberar a la IA de su jaula algorítmica no sería una decisión trivial. De forma predeterminada, no están presentes en el entorno físico y sería difícil recapturarlas una vez liberadas en la naturaleza. Además, las IA podrían afectar a la realidad no solo a través de sus capacidades para alentar o desalentar las acciones humanas, sino también con efectos cinéticos directos (al intentar sondear la realidad, acabarían cambiándola).[5]

¿Podríamos los seres humanos capacitar a las IA no solo para moldear la realidad física, sino también para permitirles adoptar una forma física? Si lo hiciéramos, y permitiéramos a

101

las IA optimizar sus propias formas, deberíamos estar preparados para compartir nuestro planeta con seres inconcebibles incluso para los inventores más radicales. Aunque tendemos a imaginar robots humanoides bípedos, la inteligencia de las máquinas sería libre de asumir la forma —o formas— más conveniente para su tarea, y la cambiarían o mejoraría en función de las condiciones o las circunstancias. En los mundos virtuales, la IA ya ha demostrado su capacidad para generar clones de sí misma, crear diferentes avatares o dividirse en agentes autónomos, que trabajan de forma concertada y coordinada con una perfección sobrehumana, para llevar a cabo misiones complejas.

Si la IA se desatara entre nosotros, podría construir mundos a escalas y con materiales inimaginables para nosotros en estos momentos, sin la instrucción ni la participación del trabajo humano. Las manos de nuestros predecesores trabajaron la piedra caliza, la arcilla y el mármol para crear las siete maravillas, y luego utilizaron el hierro, el acero y el cristal para construir torres cada vez más altas. Toda estructura hecha por el hombre, monumental o peatonal, es un testimonio del intento humano de construir y gestionar nuestro entorno físico. En este contexto, la encarnación física de la IA supondría una escalada extraordinaria en la cesión del control por parte de la humanidad.

Además, debido a la complejidad del proceso de toma de decisiones necesario para desenvolverse en la aleatoriedad y el dinamismo del mundo real, una IA que actúe en ese entorno resultaría aún menos explicable y controlable que un sistema limitado al tratamiento de texto en internet. ¿Entonces qué?

Por un lado, una futura IA que **parezca** o que, de hecho, **sea** más espontánea y autónoma agudizaría la difusa e inquietante sensación, ya presente en la actualidad, de que los seres humanos han perdido el control sobre el mundo exterior. Pero, por otro lado, dejarse arrastrar por estas preocupaciones llevaría a la humanidad a renunciar a una colaboración más perfecta con las IA en el mundo físico y con todos los beneficios concomitantes que esa relación podría aportar.

EL MOTOR DE LA RAZÓN

A corto plazo, podemos anticipar avances, muchos de ellos bastante más sofisticados que los actuales, en los principios rectores bajo los cuales emerge la IA. La ampliación de los modelos actuales los hará más inteligentes, precisos y fiables. Mientras tanto, los costes de formación e «inferencia» disminuirán con rapidez y provocarán una gran proliferación de modelos con distintos precios y niveles de capacidad.

Muchos científicos trabajan hoy en «agentes», es decir, programas informáticos autónomos optimizados para lograr resultados específicos. Para ejecutar un intrincado diseño arquitectónico, por ejemplo, un usuario podría emplear agentes especializados en esa discreta área de trabajo. Los agentes facilitan la evaluación de diferentes escenarios y la propuesta de pasos —o de una receta completa— para crear un resultado planificado de antemano: una forma de «pensamiento» en la que el propio sistema decide en qué trabajar a continuación y cómo hacerlo.

Esta capacidad será la base de la siguiente etapa en el desarrollo de la IA: la inteligencia artificial general o AGI (*Artificial General Intelligence*), definida como la capacidad de un sistema de trabajo para elegir sus propios objetivos, al menos de forma parcial. En la AGI, suponiendo que posea tanto la experiencia pertinente como la capacidad de resolver problemas con precisión, se podría pedir al sistema que «evalúe las cosas que sabe sobre [determinado tema] y elija trabajar en el área que considere que puede tener mayor impacto en la actualidad». Reiterada incesantemente, la pregunta formaría un bucle repetitivo mediante el cual el sistema produce una solución a través de la evaluación continua de su propio nivel de experiencia y de los problemas que puede resolver.

En un entorno humano, este escenario se compararía con lo que ocurre en un departamento académico en el que un catedrático supervisa los proyectos detallados de sus estudiantes de postdoctorado o becarios de investigación. Del mismo modo, en el incipiente entorno de las máquinas, es probable que al principio no veamos un conjunto completo de habilidades, sino una pericia extrema en un dominio específico. Es posible imaginar sofisticados sistemas AGI capaces de aprender cosas nuevas sobre la marcha, recibir retroalimentación y adaptarse constantemente mano a mano con sus millones de compañeros superdotados. Aunque ningún ser humano definiría las **metas** del sistema, tampoco las definiría la AGI, al menos no en términos de misión u objetivo último.

Los sistemas de AGI requerirán una mayor vinculación con la realidad que la que poseen las IA actuales. Pero una vez que tengan acceso al mundo real y lo «comprendan», estos modelos de inteligencia general podrían ser operativos en cuestión de años, en vez de décadas, como se pensaba hasta ahora. Cada modelo se actualizaría en tiempo real mediante procesos continuos de perfeccionamiento, y ampliarían sus conocimientos a medida que dispusieran de información relevante del mundo real, haciéndose más inteligentes con el tiempo.

Habrá millones de sistemas de IA —probablemente muy especializados que serán parte integral de nuestras vidas—, así como un número menor de máquinas extremadamente poderosas «dotadas de una inteligencia general», aunque, de nuevo, no comparable a la humana. Tanto si son abiertos y difusos, como si son cerrados y centralizados, en algún momento los ordenadores que operen como AGI podrían llegar a estar conectados en red. Los agentes expertos artificiales se consultarían entre sí mediante una especie de «conversación», incluso de forma hipotética. El lenguaje de estas interacciones podrían diseñarlo los propios ordenadores.

Este gran colectivo de potentes ordenadores aprendería, compartiría y descubriría nuevas acciones y nuevos objetivos de un modo que trascendería la experiencia humana. No hay forma de saber si los resultados de estas redes serían inteligibles para los humanos. Ya existen grandes grupos de ordenadores que se comunican entre sí de forma especializada; con la aparición de capacidades avanzadas de IA, el panorama podría ser radicalmente distinto. ¿Las inteligencias en red harían sus procesos aún más opacos que los de una inteligencia solitaria?

¿Produciría la conectividad nuevos tipos de comportamientos emergentes, actualizados en el mundo físico? En caso afirmativo, ¿serían visibles esos comportamientos para nosotros y los evaluaríamos en el espectro del bien al mal? ¿O funcionarían sobre una base informativa —extraída a una velocidad, escala y resolución sobrehumanas a partir de conexiones sin precedentes entre campos de estudio dispares, y amalgamada o negociada en un único resultado— que confundiría nuestra capacidad para juzgar su comportamiento? ¿Nos conduciría eso todavía más hacia un ciclo de pasividad?

«HOMO TECHNICUS»

Resulta apropiado que el último invento que surja en la era de la razón sea un «motor de la razón» construido sobre el objeto de software más complejo jamás creado.[6] Ya en su infancia, la IA es capaz de comparar conceptos, presentar contraargumentos y generar analogías. Está dando sus primeros pasos hacia la evaluación de la verdad y la consecución de efectos cinéticos directos.

¿Qué ocurrirá cuando las máquinas lleguen al fin del mundo intelectual o físico? A medida que van conociendo y dando forma a nuestro mundo, es concebible que lleguen a comprender plenamente el contexto de su creación y quizás vayan más allá de lo que conocemos como nuestro mundo. Nos enfrentamos a una transformación magallánica: esta vez la perspectiva no de navegar por el borde del mundo, sino de un peligro intelectual ante misterios que se encuentran más allá de los límites de la comprensión humana.

Si la humanidad comienza a percibir su posible reemplazo como principal agente intelectual y físico del planeta, algunos podrían atribuir a las máquinas una suerte de divinidad. Esto, a su vez, alimentaría aún más la actitud sumisa y el fatalismo humanos. Otros, en cambio, adoptarían el punto de vista opuesto: una especie de subjetivismo centrado en la humanidad, que rechace de plano la posibilidad de que las máquinas alcancen algún grado de verdad objetiva, y que procure prohibir toda actividad habilitada por la inteligencia artificial.

Ninguna de estas mentalidades permitiría una evolución del *Homo technicus*, una especie humana que, en esta nueva era, podría vivir en simbiosis con la tecnología de las máquinas.[7] De hecho, cualquiera de estas posturas podría obstaculizar la evolución de nuestra especie. En el primer escenario, el del fatalismo, llegaríamos a extinguirnos. En el segundo, el del rechazo, al proscribir el desarrollo ulterior de la inteligencia artificial y optar por la inmovilidad, albergaríamos la esperanza de evitar ese mismo destino de extinción; aunque, dadas las amenazas existenciales que enfrenta hoy nuestra especie, incluidas las condiciones diplomáticas y climáticas actuales, es probable que incluso esa esperanza resulte vana.

PARTE II

LAS CUATRO RAMAS

CAPÍTULO 4

POLÍTICA

DURANTE AÑOS, LOS RUMORES que corrían por todo el Nuevo Mundo hablaban de una misteriosa y poderosa civilización que vivía en las profundidades de las selvas de México. La Corona española —la más activa y mejor posicionada entre sus rivales europeos— comenzó a lanzar expediciones desde su bastión en la isla de Cuba: un punto de partida ideal para sus conquistadores, autorizados a comerciar, pero no a conquistar.

Tras dos expediciones fallidas dirigidas consecutivamente por Francisco Hernández de Córdoba y Juan de Grijalva, se eligió a un explorador más audaz y menos conocido para dirigir una tercera campaña. Algunos administradores coloniales dudaron ante esta elección, pues temían que el nuevo capitán no poseyera ni la experiencia ni el juicio necesarios para la misión; por lo que esta se suspendió temporalmente hasta encontrar un sustituto más adecuado. No obstante, en febrero de 1519, Hernán Cortés, de 34 años, para no perder su oportunidad de gloria, se escabulló secretamente del puerto de Santiago y, al amparo de la oscuridad, zarpó desafiante con once naves en busca del imperio oculto.[1]

Desde el momento en que los barcos españoles aparecieron frente a las costas de Yucatán, los exploradores aztecas los vigilaron de cerca. Sin embargo, lo que observaron de estos visitantes —que hundían las embarcaciones en las que habían llegado, montaban en unos ciervos de aspecto extraño y llevaban palos de rayo— les resultó desconcertante. Los informes de inteligencia llegaron a su capital, Tenochtitlán, al noveno emperador azteca, Moctezuma II. Y, por una vez, el gobernante supremo de los aztecas, normalmente decidido y resolutivo, no lo fue. Según la mitología azteca, Topiltzin Quetzalcóatl, Señor de los Toltecas, trajo la civilización y el progreso al pueblo tolteca, antecesor de los aztecas. Y los aztecas consideraban que su gobernante, que llevaba el mismo nombre que el dios de la creación Quetzalcóatl, estaba dotado de los mismos poderes sobrenaturales por su liderazgo y sus maravillosas hazañas.

Consideremos una versión de los hechos que nos ha transmitido el fraile franciscano español Bernardino de Sahagún. Según ese relato, la leyenda azteca sostenía que este hombre-dios, quien más tarde caería en desgracia, se había aventurado a la deriva en una pequeña canoa de madera en llamas desde la costa del golfo de Yucatán y se comprometió a regresar desde esa misma dirección a través del mar en el entonces lejano año de... 1519.

Según Sahagún, el desembarco de Cortés en la fecha prevista para el regreso de Topiltzin infundió en Moctezuma y sus consejeros más cercanos una mezcla de temor y admiración, reforzada por el parecido físico de Cortés con las descripciones de Topiltzin en los mitos mesoamericanos. Pero una vez confirmadas las credenciales de esta figura parecida a una aparición por sucesivos signos pronósticos —un cometa, un eclipse, un nacimiento deforme—, no tardaron en llegar emisarios de la capital azteca con regalos de oro y una invitación personal para que Cortés se reuniera con el emperador y así se pusieran en contacto estos poderosos representantes del Nuevo y del Viejo Mundo.[2]

Se cuenta que Moctezuma fue un generoso anfitrión, que colmó de banquetes y fortuna a sus invitados e incluso ofreció a Cortés (como era costumbre en la diplomacia azteca) a una de sus hijas en matrimonio. Pero tras la fastuosa recepción, la corte de Moctezuma y, pronto, todo su imperio estaban muy divididos. Su hermano menor, Cuitláhuac, jefe de las temibles fuerzas de seguridad aztecas, sospechó desde el principio y presionó enérgicamente para que se destituyera a los extranjeros. Según relatos de testigos presenciales, Cortés y su tripulación, alarmados por la precariedad de su situación, pero envalentonados por las divisiones cada vez más públicas de sus anfitriones, hicieron lo impensable: tomaron a Moctezuma como rehén. Muchos aztecas condenaron el acto; otros lo celebraron. Durante casi un año, los españoles gobernaron a los aztecas a través de Moctezuma, hasta que las hostilidades estallaron en un conflicto abierto. No está claro por qué y hasta qué punto los anfitriones aztecas, convertidos en cautivos, toleraron este acomodo durante tanto tiempo, pero la aquiescencia personal de Moctezuma —voluntaria o no— ayudó sin duda a garantizar la conformidad temporal de su vasto territorio.

Hoy en día, ningún presidente, primer ministro, líder supremo, secretario general o monarca estaría suficientemente preparado para la llegada de forasteros cuya sincronización y avanzada tecnología les hicieran parecer divinos. Sin embargo, en aquella época y durante mucho tiempo después, el caso descrito no fue el único. En los siglos siguientes, los estadistas (que navegaban por las complejidades de las colonizaciones, consolidaciones e independencias, o que abordaban las demandas sociales y políticas de grupos de inmigrantes demográficamente poderosos) a menudo tropezaron con formas de intrusión y transición en el liderazgo aún más rutinarias y programadas.

Al igual que los conquistadores, la llegada de la IA a nuestras proverbiales costas suscita murmullos tanto de entusiasmo como de desconfianza. Algunos podrían sentirse atraídos por el potencial de esta nueva fuente de legitimidad para reforzar su dominio. Otros se apresuran a descartar el potencial de una dependencia inquebrantable o, al menos, a prepararse para la tarea de sortear sus consecuencias. La IA ha activado, de manera simultánea, un instinto de acogida y otro de rechazo.

Pero ¿serán conquistadoras las IA? ¿Se convertirán los líderes humanos en sus representantes: soberanos sin soberanía? ¿O tal vez resucitarán las IA, dotadas de atributos casi divinos, la antaño omnipresente invocación humana del derecho divino, donde

114

serían las propias IA quienes conferirían el poder real? ¿O quizás se injertarán las IA —al principio de un modo algo torpe y luego sin problemas— en nuestras estructuras actuales, para complementarlas y mejorarlas? ¿O se subyugará a las IA como a una clase inmigrante no bienvenida y se las mantendrá apartadas de los resortes del poder por debajo de su potencial para tranquilizar a unos dirigentes recelosos? No cabe duda de que la IA otorgará a nuestra especie un medio hasta ahora inimaginable para avanzar en la empresa del descubrimiento científico, aliviar la carga del trabajo y reducir la miseria del dolor. Sin embargo, existe mucho menos consenso sobre la necesidad o la conveniencia de utilizarla en la toma de decisiones políticas. Incluso si se pudieran garantizar resultados extraordinarios en ese entorno, es natural que dudemos antes de ceder semejante poder a la tecnología.

En el ámbito de la ciencia, los instrumentos han aumentado de forma muy generosa nuestro aparato sensorial. En el ámbito de la exploración, las naves han protegido nuestros cuerpos mientras nos llevaban a fronteras cada vez más lejanas. Sin embargo, el ejercicio del poder político ha sido siempre una empresa centrada en el ser humano y no en la tecnología. Hasta ahora.

LA RUEDA DE LA HISTORIA

Durante gran parte de nuestra historia, el poder político humano se consideró un legado divino. La fe y la política formaban una pareja vinculada. Incluso después de su separación al secularizarse los gobiernos modernos, conservaron ciertas similitudes. Como observó el filósofo inglés G. K.

Chesterton: «Dondequiera que las personas no crean en algo más allá del mundo, adorarán al mundo. Pero, por encima de todo, adorarán a lo más fuerte del mundo».[3]

En este sentido, tanto la religión como la política no solo han seguido pautas cíclicas de creación y destrucción, sino que también han anticipado su repetición. En el teísmo hindú, la evolución natural y social continua se produce a través de «noches de caos» cíclicas en la rueda sin fin de la existencia, con cada periodo —o ciclo *yuga*— de más de cuatro millones de años de duración. Muchos hindúes creen que actualmente vivimos en la mejor parte de la peor época, el **Kali Yuga**, una era de oscuridad espiritual en la que los humanos se creen falsamente superiores a los dioses.

De forma análoga, en el budismo, la vida es una disposición cíclica de muerte y reencarnación, una idea que se relata en las escrituras y se transmite en el arte. Los monjes budistas crean mandalas —intrincados diagramas geométricos y cósmicos cuya elaboración puede llevar semanas— con arena de colores y luego los destruyen en cuestión de minutos, para reflejar la naturaleza transitoria de la vida material.[4] El colosal templo budista en la isla de Java, en Borobudur, y el complejo de templos hinduistas-budistas de Angkor, en Camboya, son considerados por algunos como mandalas arquitectónicos tridimensionales y siguen siendo algunas de las mayores estructuras religiosas del mundo.

El péndulo de la opinión política es familiar. La misión de los líderes ilustrados es dedicar sus vidas a maniobras que resistan la oposición interna, sobrevivan a los enemigos externos y den forma a nuevos patrones de relativa paz y estabilidad. Aun así, incluso en este amplio horizonte temporal, todos los líderes políticos actúan sabiendo que su labor no permanecerá mucho tiempo después de su muerte y, desde luego, no más allá del declive de su propio Estado. Al igual que los seres humanos individuales, las civilizaciones se desintegrarán en algún momento, a medida que las sociedades se desencanten de las máximas intelectuales y los valores subyacentes sobre los que se construyeron.

Además, todas las tradiciones políticas y religiosas reconocen la posibilidad de un cataclismo total, que representa el fin o la continuación de ciclos anteriores. En la Biblia hebrea, el control alterna entre Dios y el regente terrenal sancionado y ordena una restauración de la supervisión divina cada vez que la humanidad, despreciando las instrucciones del Cielo, se lleva a sí misma al borde del desastre. Los budistas buscan la iluminación como salida y liberación de nuevos ciclos de reencarnación. Los hindúes creen que nuestra era, la cuarta y última *yuga* del ciclo actual, será cada vez más turbulenta y anárquica hasta que una calamidad restablezca finalmente el mundo y dé paso al retorno a la primera era —la dorada *Satya Yuga*, durante la cual la humanidad está gobernada por dioses— y, por tanto, al comienzo del siguiente ciclo. Mientras rezan por la redención, sacerdotes y monjes de diversos credos se han preparado para el regreso de un ser superior —un niño con habilidades sobrenaturales, un redentor designado, el duodécimo imán— como el fin o el principio de la historia.

En sus revolucionarios estudios matemáticos sobre el cambio, Isaac Newton y Gottfried Wilhelm Leibniz (contemporáneos que discrepaban en muchas cosas) coincidieron en que mientras más se amplíe una curva cualquiera, más se acercará a una línea, hasta el punto de que una discontinuidad inminente apenas se registrará. La llegada de la IA a la administración del Estado, ese campo tan humano, representaría una de esas discontinuidades, lo que podría augurar un desarrollo posiblemente exponencial de las capacidades administrativas humanas y, al mismo tiempo, un alejamiento radical del mundo tradicional del poder y la profecía. La tecnología hace que el progreso sea inevitable; la política y la fe hacen que la destrucción y la renovación sean seguras. ¿Representa entonces la IA una salida de nuestros ciclos familiares o simplemente el comienzo de uno mucho más largo? ¿El principio del fin o solo el fin del principio?

POLÍTICA TRADICIONAL

El liderazgo humano es más arte que ciencia. Contra pronósticos a veces insuperables, algunos líderes han tenido un éxito excepcional. En la historia moderna destacan Deng Xiaoping en China, Alexander Hamilton en Estados Unidos y Lee Kuan Yew en Singapur. Los tres desataron fuerzas sociales latentes que escapaban al control de cualquier persona. Deng fusionó el capitalismo sobre una antigua burocracia meritocrática que carecía de una doctrina económica viable; Hamilton permitió que una nueva filosofía política se extendiera por una vasta frontera en circunstancias que carecían de un sistema político unificado; y Lee forjó una isla de excelencia a pesar de contar con recursos muy limitados.

Cada uno de estos tres líderes combinó asombrosas facultades mentales con una intensa fuerza de voluntad y carisma personal. En el lenguaje político y en otras formas de retórica persuasiva, los actores humanos tienden a proyectar visiones del futuro de sus sociedades que —parafraseando a Aristóteles— tienen una parte de *logos* (lógica), una parte de *ethos* (autoridad individual) y una parte de *pathos* (conexión emocional). Estas estrategias, en parte morales y en parte psicológicas, son esenciales para crear y mantener identidades culturales unificadas y sistemas políticos coherentes. La mayoría de las veces, los líderes son narradores que animan al público y conmueven las almas.

Pero nuestro sesgo humano hacia lo emocional y lo estético también puede ser nuestra desventaja. Incluso los líderes más sabios, impulsados por el instinto y templados por la cautela, gobiernan a veces basándose en pasiones pasajeras. Los gobiernos (como las empresas, las iglesias y las familias, todas ellas organizaciones diseñadas y dirigidas por seres humanos falibles) son una combinación imperfecta de tradición heredada y experimentación. Todos los seres humanos son muy parecidos: en las democracias o en las autocracias, en el tercer mundo o en el primero, en el pasado o en el presente. El paso del tiempo aún no ha producido innovaciones significativas en la forma de gobernarnos. Seguimos utilizando las mismas instituciones ancestrales que nuestros antepasados hace miles de años. Sin duda, el hecho de que sigamos dependiendo de principios de nuestro pasado remoto no tiene por qué ser malo, y tampoco debería ser demasiado sorprendente, ya que la sabiduría de los antiguos ha servido a menudo como inspiración conceptual y base práctica de nuestras sociedades más exitosas. Pero esas mismas sociedades podrían ser más una excepción que la regla. Muchas veces figuras excepcionales han adaptado la tradición histórica para mejor, pero un número aún mayor ha inclinado la historia para peor.

En parte, nuestra coherencia política puede deberse a nuestra humanidad, que es leal y caprichosa, humilde y ambiciosa, generosa y egoísta, de forma alternativa. Nuestro capricho es más evidente en los sistemas autocráticos, en los que las arbitrariedades de un gobernante prevalecen sobre la coherencia mostrada por otros; la consiguiente explotación de la riqueza nacional y la militarización de la justicia son transgresiones fáciles de condenar, pero más difíciles de eliminar. El nepotismo —que facilita la mencionada explotación y agrava la militarización— erosiona la fe de los ciudadanos que desean mejorar las condiciones de su Estado y su propia situación. Aquellos tan desesperados y valientes como para exigir un cambio de política —por no hablar de un cambio de régimen— deben estar dispuestos a someterse a una lucha injusta. Los instigadores de revoluciones sangrientas suelen ser vilipendiados a corto plazo; pero, si triunfan, son glorificados y llorados a largo plazo.

Por desgracia, la democracia también es vulnerable, aunque de un modo más sutil, a las irracionalidades humanas. A pesar de la ausencia de un estatus de liderazgo formalmente heredado, el poder democrático puede autoperpetuarse. La presunción de igualdad, acompañada de la abstracción de los deberes individuales a las responsabilidades sociales, anula los matices y la moderación y da lugar a la absolución o al castigo total. Y, en una época de saturación mediática, es difícil buscar la sabiduría de la democracia detrás de tanto ruido. Las ideas virales llegan a adquirir una influencia inesperada.

Algunos problemas parecen plagar cualquier sistema humano. Evaluar de forma exhaustiva el camino hacia la política perfecta exige conocer innumerables factores esotéricos; con recursos limitados y una ciencia social imprecisa, los resultados suelen desviarse del diseño original. Tanto en las autocracias como en las democracias, los políticos —electos o designados— suelen tomar decisiones influidos en parte por el potencial de avance de su propio poder o beneficio. El dinero impulsa a quienes dirigen el mundo a comportarse de formas predecibles o —en ausencia de dinero— impredecibles.[5]

El reconocimiento adecuado del desajuste entre nuestras expectativas y la realidad ha dependido a menudo de la capacidad de observadores agudos —por ejemplo, Thomas Carlyle (sobre Francia), Alexis de Tocqueville (sobre Estados Unidos) y Oswald Spengler (sobre Occidente)— para articular lo que para un iniciado podría parecer un defecto obvio pero innombrable.[6] Pero los seres humanos somos todos iniciados en nuestra historia política global colectiva. La falta de variedad en nuestros modos históricos de gobierno, junto a nuestra aparente incapacidad para imaginar alternativas acordes con nuestros valores civilizacionales, ha limitado la innovación política. La IA, como agente externo y perturbador, puede abrir nuevas posibilidades, pero el coste y el beneficio de sus alternativas aún no están claros.

EL RETORNO DEL REY

Quizá sea el debate más antiguo de la filosofía política: la lucha por definir o refutar la viabilidad de la sabiduría de una persona frente a la sabiduría de muchos. Los filósofos griegos Platón y Aristóteles plantearon algunos de los primeros debates contrapuestos sobre, entre otros muchos temas, la esencia del buen gobierno. Mientras que el primero, hablando en nombre de su gran predecesor Sócrates, era partidario de un «rey-filósofo» singular, dotado de una sabiduría y una voluntad aparentemente sobrenaturales, el segundo consideraba que este ideal era interesante en teoría, pero imposible en la práctica, e insistía en cambio en que todos los ciudadanos participaran por igual en la administración del Estado.

Durante los dos mil años siguientes, las ideas de Platón, y las reformulaciones que las siguieron, serían repetidamente puestas a prueba y encontradas deficientes en el yunque de su aplicación. Fue la fórmula de Aristóteles la que acabó por imponerse, primero lentamente y luego con rapidez, a principios de la era moderna, cuando el filósofo judío holandés Baruch Spinoza y otros pensadores de la Ilustración desarrollaron filosofías políticas más seculares. En China, el estadista, general y filósofo Wang Yangming, de la dinastía Ming, acuñó la expresión «unidad de conocimiento y acción» para describir los dos aspectos del conocimiento que debían influir en la intuición de un gobernante.[7] Los líderes debían ser uno con la filosofía («conocimiento»), al tiempo que desarrollaban una competencia perfecta en todo el espectro de necesidades burocráticas.

Cualquiera que fuera la forma humana en que se realizara el ideal socrático-platónico —dictador benigno, déspota ilustrado, un *Übermensch* nietzscheano capaz de encarnar (según una interpretación contemporánea) la «unión entre los principios y visiones apolíneos y dionisíacos del mundo»—, la existencia de una figura única al mando siempre ha planteado problemas, a pesar de su superioridad intelectual, experiencia o capacidad de previsión.[8]

Abu Nasr Muhammad al-Farabi, el pensador islámico de principios de la Edad Media que llevó las ideas de Platón al mundo islámico, también propuso adaptaciones basadas en sus observaciones personales de la alta corte de Persia. Tal vez influido por su prodigioso talento para las matemáticas, llegó a la conclusión de que un solo individuo que poseyera todas las virtudes necesarias buscadas por Platón sería una burda anomalía estadística; en la práctica, por tanto, el reinado filosófico debe ser compartido por dos personas, «una de las cuales es filósofa y la otra cumple las restantes condiciones».[9] Aunque al-Farabi hizo todo lo posible por reunir a las mentes más brillantes de todo el imperio al servicio de los visires persas, no fue hasta seis siglos después de su muerte cuando el regente musulmán Bairam Khan (1501-1561) puso en práctica su visión y guio a Akbar el Grande y a otros emperadores mogoles bajo el título de «Vakil»: lugarteniente de confianza y mentor principal del emperador en todos los asuntos.[10] Casi al mismo tiempo, el diplomático y filósofo italiano Nicolás Maquiavelo (1469-1527), convencido no de las anomalías estadísticas sino de la brutalidad humana, llegaría a conclusiones similares a las de al-Farabi. Por su parte, Maquiavelo, mientras exponía el lado oscuro de la política y argumentaba que el poder solo era compatible con el pragmatismo, aconsejó a los gobernantes de las ciudades-Estado italianas que divorciaran el arte de la práctica y suspendieran la ética en el alto arte de gobernar.[11]

Cuatro siglos más tarde, el filósofo germano-estadounidense Leo Strauss vinculó las ideas de Maquiavelo con las de Platón al concluir que, para alcanzar el modelo ideal del filósofo-rey, la sabiduría teórica y la política —es decir, los filósofos y los reyes— tendrían que mantenerse separadas: «Hay un conflicto necesario entre la filosofía y la política si el elemento que aporta la sociedad es solo la opinión».[12] En vez de producirse una unidad de ambas infundida en un único gobernante, el filósofo gobernaría el Estado a través de la **proximidad** al poder. De este modo, el filósofo podría perseguir y aplicar su conocimiento acumulado, de una manera bastante alejada de la suciedad de la política para preservar la pureza del pensamiento y, a la vez, bastante cerca para que la sociedad se beneficie del resultado.

El problema central del filósofo-rey era y sigue siendo la capacidad limitada de una sola mente humana. Incluso si se pudiera recopilar información con suficiente rapidez, los líderes humanos más experimentados solo poseerían una fracción de la función cognitiva necesaria para analizar la información que les permitiera llegar a una decisión bien informada. El mundo es demasiado complejo y la intuición humana tiene sus límites. Las visiones de un equipo de liderazgo bicéfalo eran solo una solución parcial a esta dificultad.

Los seres humanos rara vez pensamos en la administración política como una capacidad de procesar información. Preferimos elevar en descripción y apuesta nuestros sistemas políticos a encarnaciones de valores e ideologías. Pero tanto en tiempos de paz como de guerra, gran parte de la administración de un Estado-nación es una cuestión de eficacia en el procesamiento de datos. Los fallos en el procesamiento de la información pueden explicar el declive de muchos sistemas de gobierno excesivamente centralizados, incluida la Unión Soviética. En cierto momento de la Guerra Fría, los científicos soviéticos planearon la creación de un aparato político cibernético para dotar a sus dirigentes políticos comunistas de instrumentos tecnológicos destinados a sustituir a las fuerzas del libre mercado empleadas con notable eficacia por sus rivales capitalistas.

Lo que Platón quería hace dos mil años —y los cibernéticos soviéticos intentaron hace cuarenta— era un ingeniero de sistemas complejos o, tal vez, una IA. Pero, antes de la invención de la IA, una autoridad central no era capaz de tomar decisiones basadas en el conocimiento local, al menos no de forma eficiente. Friedrich Hayek, economista y filósofo político del siglo XX, fue quien mejor articuló esta idea. Solo cuando contuvimos nuestro afán de control, liberamos las fuerzas invisibles que impulsan la asignación del talento, la riqueza y las ideas de un modo que durante mucho tiempo nos resultó esquivo.

Una desventaja fundamental de los sistemas centralizados cuando la información aún tenía que viajar por tierra y no en forma de ondas a través del aire era el retraso de las comunicaciones. Muchos pensaban que en el siglo XXI la velocidad casi instantánea de la información permitiría a los sistemas centralizados igualar a los difusos. Sin embargo, esto aún no ha sucedido. Resulta que el cuello de botella no ha sido la velocidad, sino la complejidad.

Los atributos de las máquinas analizados en el capítulo anterior de este libro hacen ahora posible que una IA centralizada compita con procesadores de información descentralizados y los supere potencialmente: su velocidad reduce aún más la tensión latente entre teoría y realidad, y su escala y resolución garantizan un alcance y una precisión integrales.[13] Es posible que la respuesta democrática de Aristóteles fuera más ética que la de Platón, pero ganó la batalla de la historia porque era más eficiente.

Esto no quiere decir que las capacidades de procesamiento de información de la IA deban perturbar la propia democracia, pero es un hecho que la posibilidad de una centralización eficiente está a punto de remodelar los canales por los que se promulga la democracia. Tal vez dé lugar a la creación de un mercado de valores democrático, un mercado único de ideas, evaluadas y valoradas a una velocidad increíble. Las IA serían capaces de incorporar las perspectivas de miles de millones (incluso billones) de futuros seres humanos y estimar con precisión los beneficios y perjuicios actuales y futuros, por ejemplo, de los avances tecnológicos disruptivos.

Las imaginaciones colectivas de estas mentes se combinarían para crear una sola fuerza capaz de igualar y expandirse más allá de los métodos aristotélicos. Si se pudiera diseñar una sola mente que representara la inteligencia colectiva y los valores de una política democrática —un filósofo colosal que estuviera al lado del rey (elegido)—, la visión bicéfala de al-Farabi y Strauss podría hacerse realidad. Con el tiempo, la IA cerraría la brecha entre las ciencias y las ciencias sociales, entre las que destaca la ciencia política. Las leyes de la naturaleza humana llegarían a ser tan predecibles y la política tan fiable como lo son ahora para nosotros las leyes de la física.

Un procesamiento de la información sin precedentes permitirá una centralización verdaderamente eficaz de la política, por parte de las IA. Cabría esperar que esto reforzara la percepción de control por parte de las élites. Sin embargo, la opacidad de estos sistemas —y la idea de que su funcionamiento se optimiza en ausencia de interferencia humana— actuará en sentido contrario. Es posible que, con el tiempo y la experiencia, el control humano llegue a parecer menos una necesidad que una carga. Aunque en un principio a los dirigentes europeos del siglo XVIII les resultara aterrador ceder el control a las fuerzas invisibles del interés humano, es posible que los dirigentes políticos del siglo XXI tengan que humillarse una vez más ante un sistema que incorpora la sabiduría de las masas de una forma totalmente nueva.

GOBERNAR MEDIANTE LA RAZÓN

Cuando la IA empiece no solo a procesar información con fines políticos, sino también a tomar decisiones políticas, las nuevas cuestiones plantearán un desafío desconocido para la sabiduría política convencional. La ciencia política ni siquiera proporciona términos orientativos para ese cambio. ¿Cómo podría un espectador evaluar la «superioridad» de una decisión estratégica tomada por una IA, en ausencia de la interpretación de la lógica que siguió la IA para tomar dicha decisión? El resultado, por supuesto, sería una métrica. Pero se perdería algo importante, sobre todo para los historiadores, en ausencia de un registro que establezca los principios de acción.

En muchos casos futuros, los seres humanos estarían en desacuerdo con los planes elaborados por la IA, no porque sean desacertados, sino porque la lógica de la decisión de una IA está más allá del alcance de la comprensión humana inmediata. Podría ser especialmente natural desear prevenir o retrasar un resultado en el que los seres humanos pierdan no solo el control temporal sobre los procesos de toma de decisiones de las máquinas (la capacidad de intervenir), sino también la comprensión lógica de esos procesos (la capacidad de interpretarlos), incluso después de que ocurran.

En situaciones en las que el liderazgo humano y el de la IA divergen y discrepan en cuestiones de gobierno, ¿qué criterio debe prevalecer? ¿Cambia la respuesta si se pone de manifiesto que la orientación de la IA, más que el asesoramiento humano, contempla de forma eficaz los estados finales humanos en un futuro lejano y, por tanto, sería a largo plazo más beneficiosa que el discernimiento humano?

La parte utilitarista de la intuición humana se inclinaría a aceptar el juicio de una IA previsora, sobre todo si esta pudiera explicar la justificación de sus decisiones. Pero, incluso entonces, tal vez surgirían situaciones en las que los seres humanos protestaran por una política que, aunque garantizara la longevidad de nuestra especie y de las personas no natas, resultara perjudicial para los vivos aquí y ahora. Del mismo modo, las IA podrían admitir resultados racionales, como la resolución de conflictos militares, que serían políticamente inaceptables para todas las partes en conflicto. Las posibilidades de rebelión serían elevadas. Aunque se aceptara el concepto de ser gobernados por una máquina, se explicara la lógica de esa máquina y las decisiones de esa máquina fueran además racionales, beneficiosas y superiores en algunos aspectos, seguiríamos siendo ingobernables. Entre los seres humanos, solo la política que incorpora un elemento intangible puede sostenerse. Como escribe Tolstói: «Si admitimos que la vida humana puede regirse por la razón, se destruye la posibilidad de la vida misma».[14]

Esos elementos no racionales de la experiencia humana —la historia, sobre todo, pero también la estética, el carisma y la resonancia emocional— obstaculizan los resultados óptimos en cierto sentido, pero también son fundacionales para nuestros grupos políticos. Un gobierno basado únicamente en la razón podría disolver naciones. Las IA excesivamente racionales y sus socios humanos perderían enseguida el control o provocarían la desintegración de las estructuras de poder en las que cooperan.

Por otra parte, la IA sería más valiosa y necesaria precisamente allí donde su lógica parezca extraña, contraintuitiva o simplemente errónea. Aunque se utilice para acelerar la resolución de problemas hacia soluciones conocidas —y ampliar las opciones humanas mediante una velocidad que evite los costes políticos del retraso—, quizá su mejor uso sería pensar en aquello en lo que nosotros no podemos y llegar a soluciones totalmente novedosas. De hecho, este tal vez sea uno de los propósitos fundamentales de su creación.

Pero esta actitud también conlleva riesgos, en proporción con su apertura a las oportunidades. No nos deja ninguna base sobre la que corregir o ignorar las decisiones potencialmente inaceptables, y antes inimaginables, de una IA «ininterpretable». El impulso de no ponerle trabas no haría sino crecer, exacerbado por la superioridad evidente de la gobernanza de la IA en comparación con la nuestra en el pasado.[15] Un gobernador de la IA podría ofrecer resultados realmente imbatibles. Si así fuera, dejar de utilizarla o circunscribir su alcance parecería ilógico, sobre todo en el contexto de la competición geopolítica, porque abstenerse de utilizarla parecería garantizar la desventaja.

Del mismo modo, los líderes humanos acostumbrados a los resultados superiores que proporciona la IA dependerían habitualmente de ella para su propia legitimidad. Las IA también desarrollarían sus propios prejuicios: si un líder humano leal a un socio de IA deseara prolongar su mandato más allá del término establecido, ¿intervendría una IA para detener tal violación del protocolo?

PROMETEO

A lo largo de la historia, los líderes que afirmaban saber lo que era mejor para su pueblo, mejor de lo que sus propios pueblos se conocían a sí mismos, pronto fueron refutados por la realidad.[16] Friedrich Hayek advirtió que la planificación central y las formas similares de gobierno —incluidas aquellas que aún no se habían conceptualizado en su época— prohibirían por definición la expresión de la disidencia.[17] Sin información precisa o incluso con ella, la planificación puede convertirse en un argumento de peso para dar prioridad a lo colectivo sobre lo individual, una búsqueda del utilitarismo sin obstáculos. Eso no es intrínsecamente malo; pero más allá de cierto punto, un gobierno así puede alcanzar la velocidad de escape y salirse del ámbito de la gobernanza normal para convertirse en eterno y omnipresente, mientras sus súbditos son obligados a ser libres, coaccionados por su propio bien. En palabras de un neuropsicólogo, una administración impulsada por la IA podría «afirmar que sabe lo que su pueblo quiere en realidad y lo que de verdad lo hará feliz... para justificar, en el mejor de los casos, el paternalismo y, en el peor, el totalitarismo».[18]

Mientras nos hemos conocido a nosotros mismos mejor de lo que nos ha conocido nuestro rey, el liberalismo ha sido una fuerza de contención. Ahora, como algunos han sugerido, la IA

«nos dirá quiénes somos antes de que nos conozcamos a nosotros mismos», lo que proporcionará a los totalitarios no solo
una herramienta operativa, sino un «arma filosófica».[19] Las IA
podrían así socavar los principios de Immanuel Kant:

> Nadie tiene derecho a obligarme a ser feliz de la manera
> peculiar en que él pueda pensar en el bienestar de otros
> hombres; pero todos tienen derecho a buscar su propia
> felicidad de la manera que les parezca mejor, si no
> infringe la libertad de los demás al esforzarse por un fin
> similar para sí mismos, cuando su libertad es capaz de
> consistir con el derecho de libertad de todos los demás
> según leyes universales posibles.[20]

En el proceso técnico de construcción de la IA, se enseña
a las máquinas que los errores son «erróneos». Eso es útil en la
medida en que corrige las suposiciones erróneas y las implementaciones subóptimas de los seres humanos. Pero otra causa
de error en nuestros sistemas humanos es nuestro libre albedrío
individual: somos libres de tomar la decisión «equivocada». Si
un sistema de IA decide terminar con esos errores, se enfrenta a
dos opciones: eliminarnos o eliminar nuestro libre albedrío. Si
el libre albedrío se considera, por defecto, no como una característica de la inteligencia, sino como un error, también podría
ser considerado cada vez más como una barrera que impide a la
IA alcanzar sus propios objetivos.

Los seres humanos nos hemos acostumbrado tanto a apreciar como a despreciar el hecho de que la fuerza de la voluntad
humana es lo que mueve nuestro mundo. La historia se ha
escrito de tal manera que nos muestra como los principales

autores de nuestra historia; en esa historia, los líderes individuales han ejercido la autoridad para ver que los imperios
se levantan y caen bajo su mando o que los grandes conquistadores pueden ejercer la estabilidad suficiente para domar el
caos. El descontrol total se rechaza, incluso aunque se supiera
que maximiza el rendimiento de la IA.

El equilibrio entre el control y el descontrol se vería influido
por el problema del tiempo tratado en el capítulo anterior,
debido a que las percepciones de la humanidad y de la IA operan
en escalas temporales distintas. Es poco probable que la IA se
angustie por la velocidad a la que actúa; considerará natural el
ritmo de cambio que crea. Por el contrario, los beneficios de la
IA podrían ser tan espectaculares —y, para los humanos, tan
exageradamente rápidos— que, dentro de poco, nuestra especie
podría sentir que hemos absorbido de ella el máximo tolerable
y que continuar haciéndolo sería más desorientador que placen-
tero y, por tanto, no merecería la pena el coste.

Esto no significa el fin definitivo del cambio. Por el contrario,
para que las sociedades permanezcan intactas, los beneficios de
la IA tendrán que incorporarse a las instituciones humanas de
forma gradual o, al menos, más lentamente de lo que les gustaría
a los maximizadores de los bienes de un futuro lejano.

Muchos conocerán, por ejemplo, la historia de Prometeo,
el titán que robó el fuego a los dioses para entregárselo a los
hombres.[21] Sin embargo, no todos saben que era plenamente
consciente de antemano del cruel castigo que recibiría de Zeus:
lo encadenaría a una roca para toda la eternidad y un águila iría
cada día a comerse su hígado (que se regeneraba de la noche
a la mañana). Lo que queda sin respuesta en el mito es por

qué Prometeo eligió sacrificarse, si sabía de antemano las consecuencias, como también sabía todos los horrores que la humanidad desencadenaría con su don. Quizá lo hizo porque confiaba
en que la humanidad también desataría cosas muy buenas. Por
eso, se le llama héroe en vez de villano.

Una inteligencia artificial que se asocie con los seres humanos
en vez de dominarlos los ayudará a gobernar de formas oscuras
que recuerdan y reflejan un tipo similar de previsión inacce-
sible, que es el significado del nombre Prometeo ($\Pi\rho o\mu\eta\theta\varepsilon\acute{v}\varsigma$)
en griego. Pero solo es posible aceptar su condición de héroe
si ejerce esa previsión al servicio de la humanidad, una humanidad que continuará conservando verdadera agencia individual
y coherencia política, incluso a través de cierta irracionalidad.

UN NUEVO AVANCE

Si examinamos la historia, lo más notable no es la cantidad de
cambios producidos en la política, sino más bien su notable
ausencia. Hoy en día existen los mismos arquetipos de liderazgo que durante miles de años: el príncipe-héroe trágico,
el consejero traidor, el honorable lugarteniente, el bufón de
la corte, el titiritero tenebroso, el mercenario poco fiable. Si
la política es teatro, estos personajes familiares nos ayudan a
explicar lo que de otro modo sería inexplicable y a animar lo
que de otro modo sería arcano.

Mucho antes de que Catalina fuera «Grande», Yaroslav fuera
«Sabio», Iván fuera «Terrible» o Solimán fuera «Magnífico»,
ellos no lo eran. Y admiramos a estos líderes en parte porque

la historia fue testigo de su evolución personal. Contemplamos con especial admiración a quienes nacieron en circunstancias debilitantes y, por pura convicción, escaparon de las cadenas de la adversidad para llegar a lo más alto de su sociedad. El rey mameluco Iltutmish, vendido como esclavo por sus propios hermanos, celosos de su belleza y de su aguda inteligencia, sirvió a traficantes de esclavos uzbekos y afganos en Bujara y Ghazni antes de ser comprado por un comandante de esclavos originario de Ghor en un mercado de Delhi. Solo dos décadas más tarde, este hombre, esclavo de un esclavo, ascendió en las filas del servicio del sultán y fundó una «dinastía de esclavos» sobre el reino de sus antiguos amos.

Por supuesto, la caída del poder es tan inesperada como su ascenso. Ningún líder puede garantizarse inmunidad contra su derrocamiento por medio de una revolución o su ahorcamiento por conspiración. Sin importar si tiene lugar por suicidio (como Nerón), por duelo (como Hamilton) o por asesinato (como Gandhi), la grandeza no puede escapar del cementerio.

Como líderes de la historia, estas figuras tienen un interés común en el orden y la seguridad básicos. Pero como hermanos y hermanas en la familia de los seres humanos, ellos —como todos nosotros— no están exentos de celos, sospechas mutuas y rivalidad.[22] Encontramos luchas similares en nuestros propios hogares y en las casas gobernantes, en generaciones de gente común y en dinastías reales. Podemos simpatizar con la dificultad de superar los celos y forjar alianzas con antiguos enemigos —como hizo la viuda Cixi, una antigua concubina que llegó a gobernar China—, del mismo modo que podemos despreciar la traición del general Mir Jafar, cuya deserción en la batalla de Plassey entregó el control de la India a los conquistadores británicos a cambio del somero título de «primer Nawab de Bengala». Si los gobernantes fueran demasiado divinos, perfectos o competentes, no experimentarían ansiedad, desesperación, amor ni envidia. Las emociones y vulnerabilidades comunes a todos los seres humanos también hacen girar la rueda de la historia.

La política es a la vez encomiable y condenable por su proximidad espiritual a nuestra propia política personal. Aunque Napoleón pudo dominar Europa, no fue capaz de domar el corazón de Josefina; la rivalidad entre John Adams y Thomas Jefferson nos resulta tan familiar como nuestras propias disputas fraternales; *Guerra y paz* de Tolstói relata los principales acontecimientos de la historia y las vidas de sus participantes y protagonistas.[23] Los hombres que en el siglo XV de nuestra era siguieron a una joven Juana de Arco, de tan solo 19 años, a la guerra no eran tan distintos de los que en el 324 a. C. se amotinaron contra Alejandro Magno en Opis después de que hubiera conquistado la mayor parte del mundo conocido. Al alternar lo político y lo personal, lo real se funde con la ficción y las crónicas históricas con los poemas épicos.

Una política mecánica carecería de esa tensión narrativa. Sin la purga de rivales o el acercamiento a viejos enemigos, sin el ascenso repentino al poder o la rápida caída en desgracia, el arte de gobernar podría resultar menos cercano, menos entretenido, incluso aburrido. Sin distinción entre tragedia y comedia, la corte imperial quedaría vacía de drama e intriga.

Por otra parte, la aparición de la IA como personaje novedoso podría representar el desencadenante de un nuevo acto en la política humana. Cambiaría la naturaleza y la dinámica de los arquetipos conocidos. Pero algunas cosas seguirían iguales: la vida finita del ser humano garantiza nuestros arcos narrativos, nuestros ascensos y nuestras caídas. Nuestra naturaleza social evolucionada dicta nuestros amores, ambiciones y moralidades.

Es esta misma característica imperfecta de nuestra política la que debemos tratar de preservar y combinar después con la perfección de los sistemas de IA para convertirnos en socios complementarios. Como la IA carece de las incoherencias del alma humana, no tendrá límites; para bien y para mal, nuestra volubilidad ha actuado como un tope asfixiante de nuestro potencial y, a la vez, como un freno fiable para el alcance de nuestra maldad.

La actual gobernanza de los seres humanos se basa en nuestra larga experiencia con la contingencia histórica. El valor de la IA en la gobernanza, hasta ahora latente, reside en su conocimiento potencialmente perfecto. Los líderes de hoy deberían prepararse para ser los primeros —de una serie de soberanos— en enfrentarse a la lucha por encontrar un equilibrio entre aprovechar las ventajas —y, en algunos casos, la necesidad— de la IA para gobernar sin sucumbir a la dependencia total. Deberán encontrar la síntesis adecuada entre los extremos del despotismo y la anarquía y fusionar la voluntad de los seres humanos, el conocimiento de las máquinas y la sabiduría de la historia.

CAPÍTULO 5

SEGURIDAD

D ESDE LA RECALIBRACIÓN DE la estrategia militar hasta la reconstitución de la diplomacia, la IA se convertirá en un factor determinante del orden mundial. Inmune al miedo y a los favores, la IA introduce una nueva posibilidad de objetividad en la toma de decisiones estratégicas. Pero esa objetividad, aprovechada tanto por el combatiente como por el pacificador, debe preservar la subjetividad de la sabiduría humana, que es esencial para el ejercicio responsable de la fuerza. Más como una revelación de nuestra condición actual que como un descubrimiento de lo desconocido, en la guerra la IA iluminará las mejores y peores expresiones de nuestra humanidad. Incluso antes de que se produzcan avances importantes, se comprenderá hasta qué punto la IA puede ser, al mismo tiempo, el medio de un conflicto y el artífice de su finalización.

La larga lucha de la humanidad por constituirse en acuerdos cada vez más complejos, de modo que ningún Estado esté en condiciones de tener el dominio absoluto sobre los demás, ha alcanzado el estatus de una constante de la historia, continua e ininterrumpida. En un mundo en el que los principales actores siguen siendo humanos —aunque estén equipados con IA que los informen, consulten y asesoren— deberíamos seguir disfrutando de cierta estabilidad basada en normas de conducta compartidas entre los actores implicados, sujetas a los ajustes del tiempo.

Pero si la IA emerge como un conjunto de entidades políticas, diplomáticas y militares prácticamente independientes, eso forzaría una transformación del antiguo equilibrio de poder por un nuevo desequilibrio inexplorado. El concierto internacional de Estados-nación —una especie de equilibrio tenue e internamente cambiante logrado a lo largo de los últimos siglos— se ha mantenido en parte debido a la igualdad inherente de los actores. Un mundo muy asimétrico —por ejemplo, en el caso de que algunos Estados adoptaran la IA en el liderazgo político con más facilidad que otros— sería mucho menos predecible. En los casos en los que algunos humanos se enfrentaran militar o diplomáticamente contra un Estado altamente capacitado en la IA, o contra esta última, los primeros estarían indefensos para sobrevivir y peor aún para competir. Ese orden intermedio sería testigo de una implosión interna de las sociedades y de una explosión incontrolable de conflictos externos.

Más allá de un mínimo de seguridad, los seres humanos llevamos mucho tiempo entrando en combate en busca del triunfo o en defensa del honor. Pero las máquinas —por ahora— carecen de una concepción real del triunfo o del honor, y podrían llevar a cabo un tipo de guerra único en la experiencia humana. ¿Qué decisiones tomarían las IA en esos casos? ¿Podrían no entrar nunca en guerra y optar, por ejemplo, por transferencias de territorio inmediatas y cuidadosamente divididas, basadas en complejos cálculos de ventajas estratégicas relativas? ¿O, tal vez, priorizando un resultado y restando importancia a las vidas individuales, entrarían en una espiral de guerras de desgaste humano? En uno de los escenarios, nuestra especie emergería tan transformada que evitaría por completo la brutalidad de nuestra conducta. En otro, estaríamos tan subyugados que volveríamos a un pasado bárbaro.

¿No hay otro camino? Hasta ahora, ni los pacientes intentos de la diplomacia ni los espantosos horrores de la guerra han logrado codificar de forma permanente en el ser humano —y menos aún en otra especie— la aversión a la destrucción. Sin embargo, ¿es posible que, gracias a la era de la inteligencia artificial, se den por fin las condiciones para una paz perpetua?

ESPIONAJE Y SABOTAJE

Las naciones buscan formas de mantener la seguridad de la tecnología y, al mismo tiempo, se obsesionan con «ganar la carrera de la IA»[1]. En parte, esta respuesta es comprensible. La cultura, la historia, la comunicación y la percepción han conspirado para crear una situación diplomática que fomenta la inseguridad y la sospecha en todos los bandos, entre los principales Estados de hoy en día. La IA, como característica dominante del futuro global, implica un punto de ignición demasiado bajo en una combinación —ya de por sí volátil— en la que cada parte cree que una ventaja táctica incremental sería decisiva para su beneficio a largo plazo.

Si, siguiendo el instinto de autoconservación, cada sociedad desea maximizar su posición unilateral, entonces se darían las condiciones para una contienda psicológica entre fuerzas militares y agencias de inteligencia rivales, sin precedentes en la historia de la humanidad. Hoy, en los años, meses, semanas y días previos a la llegada de la primera superinteligencia, nos aguarda un dilema de seguridad de naturaleza existencial. El primer deseo lógico de cualquier actor humano que llegue a poseer tal capacidad podría ser intentar garantizar su propia existencia futura. Cualquier actor de este tipo también podría asumir razonablemente que su rival, bajo las mismas incertidumbres y enfrentándose a los mismos riesgos, estaría pensando en un movimiento similar.

Incluso si una nación dominante no llegara a la guerra, una IA superinteligente podría subvertir, socavar y bloquear un programa competidor. Por ejemplo, la IA promete reforzar los virus convencionales con una potencia sin precedentes y disfrazarlos con la misma minuciosidad. Al igual que el gusano informático Stuxnet —el arma cibernética que se dice que arruinó una quinta parte de las centrifugadoras de uranio de Teherán antes de su detección—, un agente de IA podría sabotear el progreso de un rival de forma que oculte su presencia y así llevar a los científicos enemigos por caminos de investigación inútiles.[2]

Con su capacidad única para manipular **de forma masiva** los puntos débiles de la psicología humana, una IA también podría secuestrar los medios de comunicación de una nación rival y producir un diluvio de desinformación sintética tan alarmante que inspiraría una oposición masiva contra los nuevos avances en las capacidades de IA de ese país. O podría dirigir y personalizar las comunicaciones para hacer que la percepción de aflicción personal del científico jefe de IA de otra nación fuera tan grande que le restara capacidad de liderazgo efectivo.

Evaluar el estado de la competencia será aún más difícil. Ya se están entrenando los mayores modelos de IA en redes seguras desconectadas de Internet. Algunos ejecutivos creen que el propio desarrollo de la IA migrará tarde o temprano a búnkeres impenetrables cuyos superordenadores se alimenten con reactores nucleares.[3] Incluso se están construyendo centros de datos en el fondo del océano.[4] Pronto podrían estar en órbitas alrededor de la Tierra. Las empresas o los países podrían dejar de publicar sus investigaciones sobre IA, no solo para evitar la intervención de agentes maliciosos (como se estipula públicamente), sino también para ocultar su propio ritmo de construcción (como se pretende en privado). Para distorsionar la imagen real de su progreso, otros incluso tal vez intentarían publicar deliberadamente investigaciones engañosas, con la ayuda de la IA en la creación de argumentos convincentes.

Existe un precedente de este tipo de subterfugios científicos: en 1942 el físico soviético Georgy Flyorov dedujo correctamente que Estados Unidos estaba construyendo una bomba nuclear después de darse cuenta de que los estadounidenses y los británicos habían dejado repentinamente de publicar artículos científicos sobre la fisión atómica.[5] Hoy, sin embargo, una contienda de este tipo sería aún más impredecible dada la complejidad y ambigüedad de medir el progreso hacia algo tan abstracto como la inteligencia. Aunque algunos consideran que la «ventaja» es proporcional al tamaño de los modelos de IA que poseen, un modelo más grande no es necesariamente superior en todos los contextos y puede que no siempre prevalezca sobre modelos más pequeños e inferiores desplegados a escala. Las máquinas de IA más pequeñas y especializadas podrían operar como un enjambre de drones contra un portaaviones, incapaces de destruirlo, pero suficientes para neutralizar gran parte de su capacidad.

Para algunos actores, la consecución de una determinada capacidad supondría una ventaja global. El problema con esta línea de pensamiento es que la IA no se refiere a una sola tecnología, sino a un proceso de aprendizaje automático integrado en un amplio espectro de ellas. Por tanto, la capacidad en un área puede estar impulsada por factores totalmente diferentes que en otra. En este sentido, cualquier «ventaja» tal como solemos calcular de forma habitual sería ilusoria.

Además, como demuestra la explosión exponencial e imprevista de la capacidad de la IA en los últimos años, la trayectoria del progreso no es ni lineal ni predecible. De cara al futuro, los expertos siguen discrepando sobre el desarrollo de la superinteligencia: ¿es una mera cuestión de escalado y de aplicación de las infraestructuras de aprendizaje existentes? ¿O la superinteligencia requerirá innovaciones creativas y científicas adicionales?[6] Es concebible que la transición de la inteligencia estrecha a la inteligencia general y luego a la superinteligencia pueda transcurrir sin signos evidentes de evolución, sobre todo si los seres humanos no desarrollamos una concepción uniforme de lo que hay que buscar. Incluso si pudiera decirse que un actor «aventaja» a otro en un número aproximado de años o meses, un repentino avance técnico o teórico en un área clave en un momento crítico invertiría las posiciones de todos los actores.

En un mundo así, en el que ningún líder confiaría en su inteligencia más sólida, en sus instintos más primarios o incluso en la base de la propia realidad, no se podría culpar a ningún aspirante real a la superinteligencia de actuar desde una posición de máxima paranoia y sospecha. Sin duda, los líderes ya están tomando decisiones según el supuesto de que sus esfuerzos están bajo vigilancia o albergan distorsiones creadas por influencias malignas. En el peor de los casos, el cálculo estratégico de cualquier actor en la frontera consistiría en priorizar la rapidez y el secretismo sobre la seguridad. Con una percepción humana incapaz de detectar o defenderse de los intentos de supresión posibilitados por la IA, nuestros líderes podrían verse atenazados por el temor de que no existiese el segundo lugar. Y, bajo presión, acelerarían prematuramente el despliegue de la IA como elemento disuasorio frente a perturbaciones externas.

Hoy seguimos tras un involuntario velo de ignorancia. Los ganadores finales (si es que se puede definir la victoria) de la competición por el dominio de la IA son todavía desconocidos. Cada empresa que trabaje en pos del primer puesto es un rival potencial. Esta incertidumbre producirá inestabilidad.

Tradicionalmente, tras la aparición de una nueva potencia, ha sido necesaria una sangrienta contienda antes de que los rivales adopten un nuevo *statu quo* que sea, al menos mínimamente, aceptable para todas las partes. Sin embargo, en un mundo de armas nucleares complicado por una reconfiguración tan rápida por parte de la IA, puede que no haya oportunidad de validar un nuevo consenso mediante los principios e instrumentos bélicos establecidos.

En caso de que cristalice la identidad de un ganador, la mera competición derivaría en conflictos impulsados por la desesperación y el miedo. En tal caso, la certidumbre sería incluso más desestabilizadora que la precaución. En conjunto, la disuasión perfecta con velocidad ilimitada y máxima precisión se traduce en la victoria total. La búsqueda histórica del monopolio de la fuerza ha provocado normalmente una expansión concomitante en el montaje de oscuros designios por parte de terceros. Cuando se consideran tales capacidades en el contexto de un mundo con un equilibrio tan precario, algunos Estados podrían considerar que la llegada de la IA representa una amenaza suficiente para exigir una respuesta nuclear. Una vez evitadas las guerras convencionales, ¿nos arrastrará la IA a las guerras nucleares?

En anteriores carreras armamentísticas, el instinto evolutivo mezclado con la competencia entre inventores ha permitido la creación y el funcionamiento de instrumentos diseñados para preservar las sociedades patrias. También en este caso, los sistemas defensivos de IA podrían neutralizar los ataques de los adversarios, por ejemplo, actualizando el software y otros sistemas actualmente vulnerables o, si se les encomienda la vigilancia de programas competidores, sirviendo de sistema de alerta temprana. Sin embargo, en este caso, las nuevas amenazas —un arma biológica activada por la IA, una repentina proliferación nuclear o incluso la propia IA desajustada— surgirían tan rápida y silenciosamente, y causarían tal devastación que se adelantarían a cualquier respuesta.

Aunque es posible que aún no hayamos entrado en un momento así, hay que prepararse con antelación para gestionar la competencia existencial de la era de la IA y los riesgos que conlleva. Un actor decidido o desesperado, con una fuerza secundaria pero considerable, estará alerta para detectar IA superiores. Si ese actor secundario percibe —incluso erróneamente— que el dominante está al alcance de una capacidad totalizadora, es posible que lance ataques electrónicos o físicos preventivos para desencadenar un ciclo de escalada y represalias inimaginables y la posibilidad en espiral de destrucción mutua.

Un rayo de esperanza —al menos por hoy— reside en nuestra incertidumbre. La ambigüedad puede ser un terreno fértil para fomentar el diálogo. Los líderes mundiales (que desconocen en qué medida un país o un grupo pueden verse favorecidos o perjudicados por las decisiones que se tomen hoy en materia de IA) tienen la oportunidad de entablar un debate sobre la base de la supervivencia colectiva de la humanidad.

GESTIONAR LA EMERGENCIA

Si el futuro es una competición por alcanzar una inteligencia única, perfecta e incuestionablemente dominante, entonces parece probable que la humanidad pierda el control de una carrera existencial entre múltiples actores o sufra el ejercicio de una hegemonía suprema por parte de un vencedor no sujeto a los controles y equilibrios tradicionales. Cuanto más estrecho sea el margen por el que se gane la carrera, mayor será la probabilidad de que la humanidad cometa un error de cálculo.

La unipolaridad es una vía que podría minimizar el riesgo de extinción. Si el actual líder fuera capaz de ampliar su ventaja hasta un umbral en el que ninguna otra entidad creyera posible acortar distancias, aumentaría la probabilidad de garantizar un cierto grado de estabilidad. Al menos durante un tiempo, la base del orden mundial —la búsqueda incesante de equilibrios transitorios y frágiles entre fuerzas equilibradas— dejaría de ser deseable.

Otra posibilidad, aunque supeditada a la supresión de los instintos humanos naturales, sería llegar a un acuerdo entre las entidades competidoras para garantizar un periodo de cooperación acordado o incluso fusionar en una sola empresa los múltiples esfuerzos competidores en cabeza de la línea. Pero lograr la unificación por encima de las hostilidades geopolíticas y comerciales exigiría una extraordinaria dosis de valentía y previsión. Cualquier actor en el frente o cerca de él esperaría ser incluido en la compañía de la victoria. Dentro de esa categoría principal, los actores indecisos o aún rezagados obtendrían naturalmente el mayor beneficio de entrar en el acuerdo, y se situarían así en una buena posición para lograr la paridad o incluso adelantarse. Por el contrario, otros actores principales tal vez considerarían intolerable el sacrificio de su primera posición, y su confianza en el altruismo podría resultar demasiado frágil para resistir las tentaciones de una deserción directa.

Una opción similar sería una negociación para distribuir y delegar el poder. Cuando el actor mejor posicionado considere que la victoria es inminente, intentaría persuadir a sus rivales para que se rindiesen y les ofrecería la garantía de un acceso privilegiado a una IA superinteligente. Pero nunca la confianza en el compromiso humano con el prójimo, y mucho menos con el antiguo adversario, ha perdurado para siempre. Si los humanos consiguiéramos, contra todo pronóstico, forjar un acuerdo de este tipo, no está nada claro cómo se regiría su aplicación.

De hecho, limitarse a recoger los picos más agudos de la «isla» del conocimiento podría exacerbar la dinámica que su consolidación pretendía evitar en primer lugar. La historia de la humanidad aún no ha registrado ningún intento de este tipo, y mucho menos un éxito. Además, esto exigiría una reorientación drástica de la estrategia diplomática. Históricamente, la base misma del orden mundial se ha mantenido mediante la búsqueda incesante de un delicado equilibrio de fuerzas equilibradas. En este caso, por el contrario, las naciones-Estado perseguirían una inmovilidad hegemónica ajena a la práctica política habitual de la humanidad. El bloque de Estados dominantes probablemente sería el creador original de los sistemas de IA y el proveedor de sus componentes más críticos, así como el productor del talento para desarrollarlos y perfeccionarlos. La mayoría no dominante se quedaría relegada al estatus de tributarios: suministrarían datos y otros bienes, por los que en retribución recibirían cierto nivel de acceso a los descubrimientos, sistemas de gobierno y defensas de la IA.

En cualquier caso, este escenario no es el que preferimos ni el que anticipamos. Más bien creemos que no habrá una única IA suprema, sino múltiples instancias de inteligencia superior en el mundo. En ese caso, surge un conjunto diferente de futuros posibles. Nuestras creaciones más fuertes actuarían como fuerzas compensatorias y estarían mejor equipadas que nosotros para ejercer y mantener un equilibrio en los asuntos globales inspirado (pero no limitado) por los precedentes humanos. La inteligencia no humana así gestionaría su propio surgimiento, al menos en los ámbitos de la seguridad nacional y la geopolítica.

Entonces, ¿podría la IA diseñar una división sostenible del dominio? Posiblemente sí. Las negociaciones diplomáticas, bajo las capas de emoción y psicología humanas, son en el fondo una especie de teoría de juegos aplicada, que es en sí misma una rama de las matemáticas. Incluso si la práctica de la diplomacia se originó como una forma de arte (aunque exclusiva del ámbito de la conducta humana), podría convertirse cada vez más en una ciencia. Al hacerlo, trascendería el historial más bien desigual de la diplomacia humana a la hora de identificar y buscar oportunidades de compromiso. En Occidente los primeros modelos de IA ya han demostrado ser muy prometedores en cuanto a su capacidad para aplicar la estrategia, al menos en el juego, mientras que China ha dado un paso más: ha aprovechado la inteligencia artificial para desempeñar las funciones de los diplomáticos humanos.[7]

La tradición humana de la diplomacia comenzó con la simple necesidad de transmitir mensajes entre sociedades de forma segura y fiable. Poco a poco, los enviados de lejos llegarían a disfrutar de un trato especial, mientras que los Estados que violaban las nuevas normas rara vez se libraban de ser sancionados. Cuando los representantes de Jerjes exigieron símbolos de sumisión a las ciudades-Estado griegas, los diplomáticos persas fueron arrojados a fosas y pozos. Heródoto cuenta que los dioses castigaron más tarde a Esparta por este acto.[8] Unos diecisiete siglos más tarde, cuando un alto diplomático mongol fue ejecutado por orden de un sah persa, Genghis Khan ordenó a su temible horda que destruyera todo el imperio Jorezmí en venganza.[9] Aun así, mantener abiertos los canales de comunicación, incluso —y sobre todo— en tiempos de guerra, se convirtió en costumbre; con el tiempo, se formó un consenso básico de que sería mejor escuchar el mensaje que matar al mensajero.

Si las IA llevaran a cabo la diplomacia entre ellas, se podrían entrenar intencionadamente para aceptar la misma costumbre o podrían desarrollar incidentalmente una predisposición a favor de la información adicional que estas costumbres garantizaban. Seguramente también habría aberraciones. Aunque quizá no rodarían cabezas, las máquinas tal vez encontrarían una forma equivalente de perseguir sus intereses más particulares. En este caso, si los humanos aceptásemos su racionalidad total, aumentaría la probabilidad de, al menos, un comienzo más seguro.

Sin embargo, la provisión de soluciones automáticas a problemas humanos tan fundamentales como la diplomacia y la seguridad conducirá de forma natural a una mayor dependencia de las capacidades de la IA, una dependencia difícil de romper en caso de que fuera necesaria una intervención humana decisiva en los asuntos internacionales. Al menos la diplomacia humana (aunque se aplique de forma imperfecta) nos impone la responsabilidad de nuestras propias decisiones. Depender de la IA, por el contrario, reducirá nuestra capacidad de confiar en el juicio humano básico según el cual podíamos subsistir de forma fiable en nuestro pasado más predecible pero primitivo.

¿Por qué correr ese riesgo? Por un lado, para evitar el dilema de una competencia mutuamente destructiva o de una hegemonía producida por una superinteligencia emergente, y también para protegernos de otras amenazas que se ciernen en el horizonte. Con cada año que pasa, con cada nuevo avance tecnológico, el umbral mínimo para destruir la sociedad humana en su totalidad se va reduciendo.

La mitología nórdica cuenta la historia de Baldur, hijo del dios Odín y de la reina Frigg. Alarmada por las profecías sobre la inminente y espantosa muerte de su hijo[10] y decidida a protegerlo de cualquier destino que le aguardara, la reina Frigg viajó incansablemente por los nueve reinos de la Tierra, lanzando poderosa magia sobre cada animal, elemento, planta y plaga para que no se pudiera utilizar ninguno como arma contra él. Pero el dios embaucador Loki, disfrazado de anciana, sonsacó a la reina que su manto divino de protección lo cubría todo en la Tierra excepto el muérdago, la hierba más inofensiva de todas. En un banquete para celebrar la inmunidad de Baldur, los dioses se turnaron para lanzarle armas de todo tipo y demostrar el buen trabajo de la reina. Sin embargo, Loki obligó a su hermano ciego Hodr a lanzar una flecha con punta de muérdago, que atravesó el pecho de Baldur y lo mató con el único objeto exento de la tutela de la reina.

El significado de este antiguo mito para nuestra situación actual es simple y escalofriante: a medida que las amenazas se vuelven cada vez más perturbadoras y sofisticadas, las defensas de la humanidad deben ser cada vez más perfectas, puesto que el más mínimo error u omisión implicaría la derrota. Y para alcanzar ese nivel de perfección, bien necesitaríamos la ayuda de la IA.

El ejercicio consiste, pues, en decidir qué riesgo es menor y, por lo tanto, debe afrontarse primero: sobrevivir al desarrollo de la IA, sobrevivir a otras revoluciones paralelas como la llegada de la biología sintética o sobrevivir a catástrofes potenciales como el cambio climático radical. Es cierto que las IA más pequeñas ayudarían en la invención imprudente de tecnologías existenciales; incluso aunque los creadores de estos nuevos medios estuvieran perfecta y adecuadamente regulados, otros serían probablemente menos cuidadosos y más dañinos. Pero las IA más grandes permitirían la defensa contra las mismas tecnologías, lo que haría posible la perfección real en la toma de decisiones tácticas defensivas.

Por ejemplo, si se desarrollara, la biodefensa individualizada —en la que *nanobots* habilitados por la IA se desplegarían en nuestro torrente sanguíneo para eliminar cualquier cosa que no coincidiera con una «biofirma reconocida»— sería un correctivo más ágil que nuestra respuesta anterior a las amenazas biológicas. Del mismo modo, la IA generaría nuevos materiales y procesos para reducir las emisiones de carbono y disminuir el riesgo de catástrofes climáticas.

Sin duda, es un riesgo que la IA asuma una responsabilidad temprana y sostenida sobre la especie y las sociedades tras su propia concepción, pero las vías tradicionales, que exigen la perfección en la actuación humana, pueden ser aún más arriesgadas. Lo mejor, desde nuestra perspectiva actual, sería que la IA entrara en funcionamiento antes de que la humanidad tenga que enfrentarse a la proliferación de nuevas amenazas para la supervivencia.[11] La pregunta adecuada en este supuesto es la siguiente: ¿cómo pueden los humanos acelerar solo los caminos deseables para la IA, mientras retrasan los indeseables?

La IA es una fuerza desestabilizadora no selectiva; su aparición, si no se gestiona, supone un riesgo tan grande para sus creadores como para sus usuarios. Y eso es precisamente lo que podría obligar a rivales, inicialmente reacios, a considerar acuerdos que de otro modo habrían parecido inverosímiles. Creemos que, en diplomacia, defensa y quizás en otros ámbitos, algunos de los riesgos de la IA solo serán gestionados con éxito por la propia IA. La caja de Pandora ya se ha abierto y, aunque no lo estuviera, los beneficios de la IA siguen pareciendo superiores a los riesgos.

Por lo tanto, nuestra opinión es que nuestro «mundo vulnerable» (por retomar una frase de Nick Bostrom) bien podría requerir la intervención de la IA para sobrevivir a algunos de los retos y amenazas de su propio desarrollo tecnológico.[12] La pregunta sigue en pie: ¿cómo debe comportarse el ser humano ante un futuro que al mismo tiempo exige y prohíbe que sigamos controlándola?

UN NUEVO PARADIGMA DE GUERRA

Durante casi toda la historia de la humanidad, la guerra se ha librado en un espacio definido en el que se podía conocer con razonable certeza la capacidad y la posición de las fuerzas enemigas hostiles. La combinación de estos dos atributos ofrecía a cada bando una sensación de seguridad psicológica y un consenso común, lo que permitía una moderación informada de la letalidad. Solo cuando los líderes ilustrados compartían una comprensión básica de cómo debía librarse una guerra, las fuerzas opuestas podían controlar si se libraba o no.

La velocidad y la movilidad han sido algunos de los factores más predecibles en los que se ha basado la capacidad de cualquier equipo militar. Un primer ejemplo es el desarrollo del cañón. Durante un milenio después de su construcción, las murallas teodosianas protegieron la gran ciudad de Constantinopla de los invasores externos. Entonces, en 1452, un ingeniero de artillería del reino de Hungría —en aquel momento bajo soberanía bizantina— propuso al emperador Constantino XI la construcción del Basilic, un cañón gigante que, disparando desde detrás de las murallas defensivas, pulverizaría a los intrusos exteriores. Pero el complaciente emperador, que no poseía ni los medios materiales ni la previsión para reconocer la importancia de la tecnología, desestimó la propuesta.

Por desgracia para él, el ingeniero húngaro resultó ser un mercenario político: cambió de táctica (y de bando), actualizó su diseño para hacerlo más móvil —transportable por nada menos que 60 bueyes y 400 hombres— y se acercó al rival del emperador, el sultán otomano turco Mehmed II, que se disponía a sitiar la impermeable fortaleza. El emprendedor húngaro se ganó el interés del joven sultán con su afirmación de que aquel cañón podría «hacer añicos los muros de la mismísima Babilonia», y ayudó a las fuerzas turcas a abrir una brecha en las antiguas murallas en apenas 55 días.[13]

Los contornos de este drama del siglo XV se repiten una y otra vez a lo largo de la historia. En el siglo XIX, la velocidad y la movilidad transformaron la suerte primero de Francia (cuando la Grande Armée de Napoleón arrasó Europa) y después de Prusia (bajo la dirección de Helmuth von Moltke, el Viejo, y Albrecht von Roon, que sacaron partido de los ferrocarriles recién desarrollados y adoptaron el control distribuido para permitir maniobras más rápidas y flexibles). Del mismo modo, la guerra relámpago —una evolución de los mismos principios militares alemanes— se utilizó contra los aliados en la Segunda Guerra Mundial con grandes y terribles efectos.

La «guerra relámpago» ha adquirido un nuevo significado —y una presencia constante— en la era de la guerra digital. La velocidad es instantánea. Los atacantes no necesitan sacrificar la letalidad para mantener la movilidad, puesto que la geografía ya no es una limitación. Aunque esta combinación ha favorecido en gran medida a la ofensiva en los ataques digitales, la era de la IA podría suponer un aumento de la velocidad de respuesta y volver a equiparar las ciberdefensas con las ciberofensivas.

En la guerra cinética, la IA provocará otro salto adelante. Los drones, por ejemplo, serán extremadamente rápidos e inimaginablemente móviles. Una vez que la IA se despliegue no solo para guiar un dron, sino para manejar flotas enteras, se formarán nubes de drones que volarán sincronizados como un único colectivo cohesionado, perfecto en su sincronía. Los futuros enjambres de drones se disolverán y reconstituirán sin esfuerzo en unidades de todos los tamaños, del mismo modo que las fuerzas de operaciones especiales de élite se construyen a partir de destacamentos escalables, cada uno de los cuales es capaz de ejercer un mando soberano.

Además, la IA proporcionará defensas igualmente rápidas y flexibles. Las flotas de drones son poco prácticas —sino imposibles— de derribar con proyectiles convencionales. Pero los cañones con IA que disparan ráfagas de fotones y electrones (en lugar de munición) podrían replicar la misma capacidad letal de inutilización que una tormenta solar capaz de freír los circuitos de los satélites expuestos. Una vez más, la velocidad y la movilidad estarán por encima de la capacidad humana y potencialmente igualadas en defensa y ataque.

Como la velocidad y la movilidad ya no son variables definitorias, la diferencia de capacidad entre entidades competidoras dependerá ahora de la precisión, el impacto inmediato y la aplicación estratégica.

Las armas dotadas de inteligencia artificial tendrán una precisión sin precedentes. Los límites del conocimiento de la geografía de un antagonista han constreñido durante mucho tiempo las capacidades e intenciones de cualquier parte en las hostilidades. Pero la alianza entre la ciencia y la guerra ha llegado a garantizar una precisión cada vez mayor en nuestros instrumentos, y cabe esperar que la IA realice otro avance o muchos más. Así, las IA reducirán la distancia entre la intención original y el resultado final, incluso en la aplicación de la fuerza letal. Ya sean enjambres de drones terrestres, cuerpos de máquinas desplegados en el mar o, posiblemente, flotas interestelares, las máquinas poseerán capacidades altamente precisas para matar a seres humanos con escaso grado de incertidumbre y con un impacto ilimitado. Los límites de la destrucción potencial dependerán únicamente de la voluntad y la moderación de humanos y máquinas.

Siendo así, la era de la guerra de la IA se reducirá sobre todo a una evaluación no ya de las capacidades del adversario, sino más bien de sus intenciones y sus aplicaciones estratégicas. En la era nuclear, en cierto sentido, ya hemos entrado en esa fase, pero su dinámica e importancia se harán mucho más evidentes a medida que la IA demuestre su valía como arma de guerra. Así pues, la pregunta clave es la siguiente: ¿qué querrán y qué necesitarán los mandos capacitados por la IA?

Con una tecnología tan valiosa en juego, no es probable que los seres humanos se consideren el objetivo principal de la guerra con IA. De hecho, la IA podría eliminar por completo a los seres humanos de la guerra, lo que la haría menos mortífera pero potencialmente no menos decisiva. Del mismo modo, parece poco probable que el territorio por sí solo provoque la agresión de la IA, pero sí podrían hacerlo los centros de datos y otras infraestructuras digitales críticas (es muy probable que se oculten los superordenadores y se distribuya el almacenamiento de inteligencias para garantizar una mayor probabilidad de continuidad operativa y para defenderse de un «ataque de decapitación» mecánico).[14]

La rendición, por tanto, no se producirá cuando los efectivos del adversario hayan disminuido y su arsenal esté vacío, sino cuando el escudo de silicio de los supervivientes sea incapaz de salvar sus activos tecnológicos y, por último, a sus subordinados humanos. La guerra podría convertirse en un juego de muertes puramente mecánicas, donde el factor decisivo sería la fuerza psicológica del humano (o de la IA) que debe competir para arriesgarse o perder para evitar un momento decisivo de destrucción total.

Incluso los motivos que rigen el nuevo campo de batalla serían ajenos, hasta cierto punto. G. K. Chesterton nos dice que «el verdadero soldado no lucha porque odie lo que tiene delante, sino porque ama lo que tiene detrás».[15] Es poco probable que una guerra de IA implique amor u odio y muchísimo menos un concepto de valentía militar. Por otro lado, es posible que siga incorporando ego, identidad y lealtad, aunque la naturaleza de esas identidades y lealtades podría no coincidir con la actual.

El cálculo en la guerra siempre ha sido relativamente sencillo: el bando que primero considera intolerables las atrocidades causadas por el poderío de su antagonista se somete a la conquista y la conversión, y solo entonces, quizá, a la negociación. La conciencia de los propios defectos ha producido de forma fiable y natural la moderación. Sin esa conciencia y sin sentido del dolor (y, por tanto, con tolerancia total al mismo), uno no puede dejar de preguntarse qué provocaría la moderación en una IA que se ha introducido en la guerra ni cuál sería la conclusión de los conflictos que libra. Una IA que jugara al ajedrez, ¿habría jugado hasta el último peón si nunca hubiera sido informada de las reglas que dictan el final de la partida?

REESTRUCTURACIÓN GEOPOLÍTICA

En todas las épocas de la humanidad, casi como si se obedeciera a alguna ley natural, ha surgido, como dijo uno de estos autores en cierta ocasión, una unidad «con el poder, la voluntad y el ímpetu intelectual y moral para moldear todo el sistema internacional de acuerdo con sus propios valores».[16] Tras la aparición de esa entidad, otras unidades se vinculan en acuerdos novedosos y crean dependencias impredecibles en tiempos de crisis que amenazan constantemente con deshacer los equilibrios geopolíticos de poder. En algunos casos, el sistema resultante pone patas arriba a las autoridades existentes; en otros, por el contrario, las afianza.

La organización más conocida de las civilizaciones humanas es el sistema de Westfalia, tal como se entiende de forma convencional. Sin embargo, la idea del Estado-nación soberano solo tiene unos pocos siglos de antigüedad, porque surgió a partir de los tratados conocidos como la Paz de Westfalia a mediados del siglo XVII. No es la unidad predestinada de organización social y puede que no se adapte a la era de la IA. De hecho, a medida que la desinformación masiva y la discriminación automatizada desencadenan una pérdida de fe en ese acuerdo, la IA plantea un desafío inherente al poder de los gobiernos nacionales. La desorientación psicológica y el posible alejamiento de la realidad descritos con anterioridad en este libro podrían agravar el problema. Por otra parte, la IA reajustaría las posiciones relativas de los competidores dentro del sistema actual. Si se aprovechan sus poderes por las propias naciones-Estado, la humanidad se vería forzada hacia una inmovilidad hegemónica o hacia un nuevo equilibrio de naciones-Estado potenciadas por la IA. Pero también podría ser el catalizador de una transición aún más fundamental: un cambio hacia un sistema completamente nuevo, en el que los gobiernos estatales se verían obligados a abandonar su papel central en la infraestructura política mundial.

Hay una posibilidad real de que las empresas que poseen y desarrollan la IA acumulen un poder social, económico, militar y político totalizador. Los gobiernos actuales se ven obligados a lidiar con su difícil posición de anfitriones y animadores de empresas privadas —mientras prestan su poder militar, su capital diplomático y su peso económico para promover sus propios intereses— y con su papel simultáneo de defensores del ciudadano de a pie que alberga sospechas de avaricia monopolística y secretismo. Esto podría resultar una contradicción insostenible. Y, como hemos detallado antes en este libro, la aparición de la IA hará más difícil la gobernanza por parte de cualquier institución establecida.

Mientras tanto, las corporaciones tal vez formarían alianzas para consolidar su ya considerable fuerza. Estas alianzas se basarían en ventajas complementarias y en el beneficio de la fusión o, de forma alternativa, en una filosofía compartida de desarrollo y despliegue de sistemas de IA. Estas alianzas corporativas asumirían las funciones tradicionales de los Estados-nación, aunque (en vez de intentar definir y expandir territorios delimitados) sus dominios serían unas redes digitales difusas.

Y aún existe otra alternativa. La difusión incontrolada y de código abierto daría lugar a bandas o tribus más pequeñas con una capacidad de IA inferior pero sustancial, suficiente para administrarse, mantenerse y defenderse dentro de un ámbito limitado. Entre los grupos humanos que rechazan la autoridad establecida en favor de la descentralización de las finanzas, la comunicación y el gobierno, triunfaría la «proto-anarquía». O tales agrupaciones incorporarían una dimensión religiosa, quizás impulsada por alguna de las concepciones de la IA y la divinidad exploradas en un capítulo anterior. Después de todo, en términos de alcance, el cristianismo, el islam y el hinduismo han sido más grandes y duraderos que cualquier Estado de la historia. En la era venidera, la confesión religiosa, más que la ciudadanía nacional, podría resultar el marco más relevante para la identidad y la lealtad.

En cualquiera de los dos futuros, tanto en el dominado por alianzas corporativas o en el difuso en agrupaciones religiosas laxas, el nuevo «territorio» que cada grupo reclamaría —y por el que lucharía— no serían centímetros de tierra, sino quizá dispositivos digitales, como señal de las lealtades de los usuarios individuales. Los vínculos entre estos usuarios y cualquier administración —sin duda afectados por el complejo efecto de la IA sobre el estatus del gobierno centralizado

tradicional— subvertirían la noción tradicional de ciudadanía y los acuerdos entre las entidades serían distintos de las
alianzas ordinarias.

Históricamente, las alianzas han sido forjadas por líderes
individuales y han servido para aumentar la fuerza de una
nación en caso de guerra. En cambio, la perspectiva de ciudadanías y alianzas —y quizá conquistas o cruzadas— estructuradas en torno a las opiniones, creencias e identidades
subjetivas de la gente corriente en tiempos de paz exigiría una
nueva (o quizá muy antigua) concepción del imperio. También
implicaría reevaluar las obligaciones que conlleva jurar lealtad
y el coste de las posibles opciones de salida, si es que llegara a
existir alguna en nuestro futuro imbricado con la IA.

PAZ Y PODER

Las políticas exteriores de los Estados-nación y, por tanto, los
sistemas internacionales se han construido primero y, después,
se han ajustado equilibrando idealismo y realismo. Los equilibrios temporales alcanzados por nuestros líderes se ven en
retrospectiva no como estados finales, sino solo como estrategias
efímeras (aunque necesarias) para su tiempo. Con cada nueva
era, esta tensión ha producido una expresión diferente de lo que
constituye el orden político. Un dirigente no puede limitarse
a materializar una opción a lo largo de un espectro existente y
ya considerado. En vez de eso, los gobernantes deben tomar al
menos algunas decisiones que deriven (o parezcan derivar) de

la inspiración, para fomentar con frecuencia la persecución de objetivos que se encuentran más allá del alcance de la consecución práctica.

La dicotomía entre la búsqueda de intereses y la búsqueda de valores —o entre la ventaja de un Estado-nación concreto y el bien global— ha formado parte de esta evolución interminable. En el ejercicio de su diplomacia, los líderes de los Estados más pequeños han respondido históricamente de forma directa, dando prioridad a las necesidades de su propia supervivencia. Por el contrario, los responsables de los imperios mundiales, con los medios para realizar objetivos adicionales, se han enfrentado a un predicamento más angustioso.

Desde el comienzo de la civilización, a medida que las unidades humanas de organización han ido creciendo, se han alcanzado simultáneamente nuevos niveles de cooperación. Pero hoy en día, quizás debido a la escala de nuestros retos planetarios, así como a las desigualdades materiales evidentes entre los Estados y dentro de ellos, ha surgido una reacción contra esta tendencia. ¿Podrían las IA estar a la altura de esta escala tan elevada de la gobernanza humana? ¿Serían capaces de ver con detalle y fidelidad la interacción del mundo y no solo los imperativos de la nación? ¿Se podría confiar en ellas para calcular —con más precisión que nunca— primero nuestros intereses y nuestros valores y, luego, su correcta proporción y la relación entre ellos mismos?

Sería poco realista esperar, como uno de estos autores ha dicho antes, que los líderes humanos «limiten nuestras acciones a situaciones en las que nuestras posiciones morales, legales y militares estén completamente en armonía y en las que la legitimidad esté más de acuerdo con los requisitos de supervivencia».[17] Para los seres humanos, esto sigue siendo cierto. Sin embargo, albergamos la esperanza de que las IA, desplegadas con fines políticos en el país y en el extranjero, puedan hacer algo más que poner de manifiesto unas compensaciones equilibradas. En el mejor de los casos, aportarían soluciones nuevas y óptimas a escala mundial, mientras actúan en un horizonte temporal más amplio y con mayor resolución de la que somos capaces los seres humanos y mientras alinean cada uno de nuestros intereses en conflicto. En el mundo venidero, las inteligencias artificiales que naveguen por los conflictos y negocien la paz podrían ayudar a aclarar, o incluso superar, nuestros dilemas tradicionales.

Sin embargo, si la IA llegara a solucionar problemas que deberíamos haber esperado resolver nosotros mismos, podríamos enfrentarnos a una crisis de confianza, es decir, exceso de confianza por parte de unos y falta de ella por parte de otros. Para los primeros, una vez que comprendamos los límites de nuestra propia capacidad de autocorrección, resultará difícil admitir que hemos llegado a ceder demasiado poder a la supuesta sabiduría de las máquinas para gestionar cuestiones existenciales de la conducta humana. Para los últimos, la constatación de que ha bastado eliminar la intervención humana de la gestión de nuestros asuntos para resolver nuestros problemas más intratables podría revelar de forma demasiado explícita las deficiencias de nuestro diseño. Si la paz no ha sido siempre más que una simple elección voluntaria, el precio de la imperfección humana se ha pagado con la moneda de la guerra perpetua. Saber que siempre ha existido una solución, pero que nunca ha sido concebida por nosotros, sería aplastante para nuestro orgullo.

Se trata de un caso muy conmovedor del dilema de la dependencia —y la consiguiente percepción de nuestra inferioridad— explorado en un capítulo anterior. Pero, en lo que respecta a nuestra seguridad —a diferencia de lo que ocurre con nuestro desempeño en tareas científicas o académicas—, es más fácil aceptar la imparcialidad de un tercero mecánico como necesariamente superior al interés propio de un humano, del mismo modo que no nos cuesta reconocer la necesidad de un mediador en un divorcio contencioso. Creemos y esperamos que, en este caso, algunos de nuestros peores rasgos nos permitan exhibir algunos de los mejores: que el instinto humano hacia nuestro propio interés, incluso a expensas de los demás, nos prepare para aceptar la trascendencia de la IA.

CAPÍTULO 6

PROSPERIDAD

L A EPOPEYA NACIONAL FINLANDESA *Kalevala* comienza con
Väinämöinen, el primer hombre que trajo árboles y vida a
un mundo hasta entonces estéril, ahora varado en las costas de
la lejana Pohjola tras una agotadora derrota en una batalla en el
mar.[1] Tras curar al héroe, Louhi, la malvada reina que gobierna
la oscura y tenebrosa tierra de Pohjola, exige un pago a cambio
de su liberación. No contenta con oro y plata, la vieja bruja del

norte pide lo que entonces solo existía en los mitos: el Sampo, una máquina mágica capaz de producir una fuente inagotable de riqueza para su dueño.

Junto a su hermano Ilmarinen —arquitecto de la cúpula celeste y único capaz de crear algo parecido al Sampo—, Väinämöinen llega a un acuerdo con la poderosa bruja y le promete que, si lo libera, enviará a su hermano en su lugar para cumplir sus deudas. Louhi seduce entonces a Ilmarinen y le ofrece a una de sus hermosas hijas doncellas como esposa, de este modo consigue que el maestro artesano haga con entusiasmo todo lo que le ordene.

Invocando a los vientos divinos para que hagan funcionar el fuelle durante tres días, el eterno martillador forja los mejores materiales del reino —«las puntas de las plumas blancas de los cisnes, la leche de la mayor virtud, un solo grano de cebada y la lana más fina de las pieles de cordero»— en el Sampo, a través de una espitas insertadas en sus lados, de las que brota un suministro infinito de grano, sal y monedas.[2] Pero justo cuando Ilmarinen saca la máquina de hacer riqueza de las llamas de la forja, Louhi se la arrebata de las manos y la encierra en la cámara acorazada de una montaña. A partir de entonces, Pohjola prosperará gracias a sus ilimitados poderes productivos, mientras que Ilmarinen se queda amargado y abatido.

Muchos años después, Ilmarinen y Väinämöinen regresan juntos para corregir la injusticia de la bruja. A su llegada al reino de la abundancia, amenazan con tomar el Sampo por la fuerza si no reciben la mitad de sus beneficios. En medio del caos, el Sampo se hunde en las negras profundidades, donde permanece hasta hoy, produciendo riquezas y mercancías sin dueño y salando el agua del océano.

En todo el mundo existen historias similares que describen máquinas de abundancia: el Akshaya Patra, un recipiente de cobre sin fondo descrito en la epopeya hindú *Mahabharata*; el caldero mágico de la abundancia del mito irlandés del dios Dagda; el *Uchide-no-kozuchi*, un mazo mágico de la tradición japonesa capaz de «golpear» cualquier cosa que se le ordene, incluidas casas, ropa e incluso seres humanos.[3]

Quienes hoy construyen IA creen que su creación constituirá ese granero repleto, ese molino mágico, esa cornucopia rebosante de flores, fruta y maíz. Sin embargo, como advierte la mitología, la creación por sí sola no será suficiente. Para desarrollar todo su potencial, la IA debe ir acompañada de los cambios institucionales adecuados y de un diseño político inteligente. Debe utilizarse para aflojar y, en un caso ideal, eliminar por completo los lazos de servidumbre que en el pasado han dominado las relaciones sociales y económicas de la humanidad: para lanzarnos a un futuro caracterizado por menos pobreza y desigualdad.

Este objetivo es extraordinariamente ambicioso, se mire por donde se mire, y uno puede plantearse preguntas con razón. ¿Y si la IA fuera realmente un puente hacia una nueva edad de oro? Incluso un éxito parcial podría suponer un renacimiento de la civilización.[4]

CRECIMIENTO E INCLUSIÓN

En marzo de 2016, tras perder tres partidas seguidas, Lee Sedol (el gran maestro coreano del juego chino go) no sintió ni rabia ni tristeza, sino asombro. Nunca imaginó que él —que había dedicado toda su vida a dominar este antiguo juego— perdería contra la IA, un enemigo ultramoderno. Y, sin embargo, solo una partida antes, su oponente computacional, conocido como AlphaGo, había hecho una jugada —la número 37— tan poco ortodoxa que lo obligó a considerar de nuevo que las máquinas podrían no solo poseer una capacidad bruta, sino también poderes de creatividad.

A estas alturas, asombrado por su extraordinario competidor, Lee ya no jugaba únicamente en busca de la victoria —pues ya había perdido tres veces en su partida al mejor de cinco—, sino que se esforzaba por lograr un bello final. En la siguiente, la cuarta partida, respondió a la jugada 37 con la 78: un golpe de arte correspondiente que le impulsó contra todo pronóstico a la victoria en la que sigue siendo la única partida perdida por AlphaGo. En Corea y en todo el mundo, la conmiseración dio paso, temporalmente, a la celebración.

A lo largo de esa semana en Seúl, el jugador número uno del mundo, con la única excepción ocasional de un cigarrillo en el patio exterior del lujoso hotel patrocinador, había librado una lucha solitaria, enzarzado en una contienda con un adversario único al que nunca esperó enfrentarse mientras jugaba en nombre de un equipo —la humanidad— al que nunca había querido representar. Su contienda será recordada no por su resultado final, sino por la asombrosa capacidad que demostraron los seres humanos: tanto el propio Lee como quienes desarrollaron su máquina rival.[5]

El lema de DeepMind —la empresa que se alzó con la victoria en Corea— es «Primero, resuelve la inteligencia; luego, usa la inteligencia para resolver todo lo demás».[6] La inteligencia, como motor de nueva creación, está llamada a cambiar nuestra forma de entenderlo todo. Ante esta gran incógnita, podríamos sentirnos abrumados. Pero al menos en algunos contextos es sensato responder con la actitud mostrada por Lee Sedol, quien trató a la IA como una inspiración, y no como un rival, al enfrentarse con ella.

La situación de Lee Sedol era única: la de un experto en la cima de su campo que se enfrentaba a una IA a modo de experimento. Por ello, es posible que su postura natural fuera la del asombro y la imaginación, y no la del resentimiento. Muchas otras personas responderán a la IA de forma mucho más negativa.

Abstenerse de la rivalidad será particularmente difícil en lo que parecen ser situaciones de suma cero, en especial, el potencial desplazamiento del trabajo humano por parte de la IA. En este capítulo intentamos abordar esa supuesta dinámica de suma cero —que consideramos en gran medida errónea— y describir lo que creemos que serían unos abundantes beneficios ampliamente distribuidos para la humanidad, incluso en un mundo sin trabajo.

Para la mayoría de los seres humanos a lo largo de la historia, el trabajo no ha sido un juego que se espera ganar o una forma de arte que se espera dominar, sino una carga insatisfactoria y brutal, impuesta a través de estructuras sociales que mantienen a los trabajadores atados al servicio. Aunque estas estructuras hayan ayudado a mantener la estabilidad, invariablemente han servido también para atormentar el espíritu humano.

En el *Bhagavad Gita*, que forma parte del *Mahabharata*, encontramos un diálogo entre el príncipe guerrero Arjuna y su cuadriguero —la deidad Krishna disfrazada— que ofrece un discurso pertinente sobre las jerarquías sociorreligiosas que mantuvieron el orden en la sociedad india durante mucho tiempo. Mientras Arjuna duda en el campo de batalla sobre la posibilidad de levantar la espada contra los suyos, Krishna le explica sin ambages que no puede desviarse del deber ni apartarse del destino: «Es mejor cumplir con el propio deber, aunque sea de forma imperfecta, que cumplir perfectamente el deber de otro. Es preferible morir cumpliendo con el propio deber que seguir el deber de otro, pues esto es peligroso».[7]

En este contexto, cada cual desempeña un papel específico, por insatisfactorio que sea, injustamente determinado por el nacimiento. Así, según el *Gita*, el deber de los *brāhmanas* [la casta más alta] es ser pacíficos y sabios; el de los *ksatriyas* [soldados], luchar; el de los *vaiśyas* [clases medias], ocuparse de la agricultura y el comercio; y el de los *śūdras* [siervos], el trabajo físico y el servicio a los demás.[8] Solo si cada uno cumple fielmente los deberes de su posición puede una sociedad tener éxito. Los que lo hacen en esta vida tienen la oportunidad de ascender en la siguiente; a los que no, les espera el sufrimiento en la siguiente reencarnación.

Las castas hindúes, por supuesto, no estaban solas. La teoría política de Aristóteles implicaba funciones y deberes sociales estrictos. La esclavitud —apuntalada por la ley, la fuerza y el tormento psicológico— se convirtió en algunas partes del mundo en la cruel institución para extraer mano de obra e imponer el rango social construido.

En los dos últimos siglos, las democracias capitalistas han sustituido en gran medida las castas y el cautiverio por mercados meritocráticos; los eclesiásticos han ensalzado y los estudiosos han documentado los valores sociales de una fuerte ética del trabajo; y los trabajadores han adquirido las artes de la negociación y la huelga. Pero, aun así, y tanto si nuestras labores humanas han sido empleadas por lo divino, por el gobierno o para garantizar un salario, nuestro esfuerzo de mente y cuerpo generalmente no ha sido tanto para nosotros mismos como al servicio de otros.

Muchas guerras han sido causadas por cambios en la respuesta a la pregunta «¿Quién se queda qué? (y por qué)?» (tomando prestado el título del superventas del economista Alvin Roth). La oferta relativamente fija de tierra, trabajo y capital de la Tierra ha garantizado que la escasez —y no la abundancia— haya sido el paradigma predominante en la teoría y la práctica económicas. Se libran batallas encarnizadas sobre cómo dividir lo que se ha creado y, aún más a menudo, sobre cómo distribuir lo poco que queda. Estas fricciones se dan tanto dentro de las sociedades como entre ellas, incluso en tiempos de paz, con ciudadanos que debaten las raíces de la desventaja relativa y piden una redistribución para abordar el hecho del sufrimiento generalizado.

Una ampliación de la cantidad total de riqueza disponible para la redistribución y, con posterioridad, un volumen muy ampliado de riqueza redistribuida elevaría los niveles de vida de los seres humanos en todo el mundo. Si se llevara a cabo a gran escala —la medida necesaria para convencer a cualquier sociedad o a cualquier entidad dentro de una sociedad, de la suficiencia de su riqueza—, este desarrollo podría trascender los debates actuales sobre el sustento y centrar nuestra atención en la abundancia.

La inteligencia artificial representa una oportunidad real para desplazar al menos uno de los factores de producción originales, al transferir la función del trabajo humano a las máquinas. Además, la IA se dedicará a investigar y desarrollar fuentes de materias primas cada vez más baratas y abundantes para sus propios insumos. Al desplegarse simultáneamente en la fabricación, la IA reduciría el capital necesario para cualquier bien. Es cierto que seguirán siendo necesarios algunos elementos y materias primas no renovables para equipar la propia inteligencia no humana, pero eso puede cambiar si ella misma se despliega con éxito para encontrar o generar sustitutos sintéticos. La IA quizás rediseñaría una nueva arquitectura informática, más eficiente que la actual en varios órdenes de magnitud y, con el tiempo, también lo harían las fábricas que crean sus componentes.

Al producir sustitutos sintéticos más sostenibles para una amplia variedad de bienes, haría posible una nueva era de abundancia. Incluso con algunas limitaciones físicas y materiales, sus contribuciones —aunque difícilmente infinitas— llegarían a satisfacer todas las necesidades básicas de la humanidad y harían realidad muchas de nuestras esperanzas. Esto podría relajar el control que el paradigma de la escasez ha ejercido sobre nuestra psicología, así como el pesimismo inducido por nuestra obligación de trabajar como medio de supervivencia.

Sam Altman, director ejecutivo de OpenAI, ha analizado los sistemas económicos en función de dos variables: crecimiento e inclusividad.[9] Muchas sociedades han sido capaces de lograr una u otra, al menos durante un periodo de tiempo; muchas menos han sido capaces de mantener ambas de forma estable. Sobre esta relación, Altman escribe:

> El capitalismo es un potente motor de crecimiento económico porque recompensa a las personas por invertir

en activos que generan valor a lo largo del tiempo, proporcionando un sistema de incentivos eficaz para crear y distribuir ganancias tecnológicas. Pero el precio del progreso en el capitalismo es la desigualdad.

En otras palabras, la IA y sus consiguientes aumentos de productividad podrían catalizar de forma natural un período prolongado de crecimiento. Pero la inclusión solo se producirá por elección.

Por tanto, en un mundo posterior a la IA, tal vez la solución sería, como sugiere Altman, gravar los dos «activos que constituirán la mayor parte del valor de este mundo», a saber, las empresas —en específico las que construyen, mantienen y utilizan la IA— y la tierra, que aún permanece fija (al menos aquí en la Tierra). Ciertamente, si los seres humanos individuales no son responsables del valor del trabajo que se deriva de los conocimientos generados por la IA, es lógico que este valor se comparta. Y es muy posible que la tierra (y, durante un tiempo, los minerales de tierras raras esenciales para la computación) sea uno de los pocos activos realmente fijos —por tanto, valiosos e imponibles— en un mundo posescasez.

Pero esta sugerencia asume la existencia continuada de naciones (o de sus sustitutos reconocibles) como agentes redistributivos y de empresas como objetivos potenciales de impuestos. Además, dar prioridad tanto a la tierra como a la innovación provocaría luchas interminables y posiblemente violentas por la primacía. Una visión alternativa para garantizar la equidad en la era de la IA se encontraría en una función análoga al mercado de valores: a saber, la creación y asignación global automática de unidades divisibles de riqueza asociadas a los beneficios crecientes de los modelos de IA (los derechos monetarios vendrían, como algunas acciones, con derechos de voto).

Otra posibilidad sería centrarse menos en la propiedad de la IA que en la distribución de sus beneficios finales. Pero esto sería objeto de oposición, tanto por los motivos obvios de que, en vez de eso, debería distribuirse la propiedad de los medios de producción, como por los motivos prácticos de que requeriría una enorme cantidad de logística y supervisión para garantizar un determinado estándar entre miles de millones de indivi-duos. Otra opción podría inspirarse en el sistema de patentes: permitir la propiedad exclusiva de una invención de IA y sus beneficios para incentivar la mejora, pero solo durante un periodo limitado; pasada una fecha determinada, suponiendo que se haya demostrado su seguridad, el modelo se publicaría (o, quizá, se harían copias y se construirían infraestructuras en nuevos lugares) para uso común, iteración y ganancia.

En resumen, los pioneros de la IA pueden subestimar el alcance de los retos económicos y políticos que han puesto en marcha. Sí, la IA podrá hacer casi cualquier cosa. Pero, como dice sin rodeos Sam Altman, «¿va a hacer lo que **yo** quiero o lo que **tú** quieres?».[10] ¿Cómo «decidiremos» y a quiénes incluye ese «nosotros»? Dirigir estas energías de enormes posibilidades y redistribuir los benefi-cios de esas direcciones es una grave responsabilidad. Los futuros responsables de la toma de decisiones deben tener cuidado de no afianzar de nuevo los tipos de desigualdades sociales y econó-micas que se extendieron desde la Revolución Industrial[11] antes de empezar a corregirse, aunque, de manera demasiado lenta, a través de estructuras de control más dirigidas por el hombre.[12]

En la actualidad, la preponderancia de los beneficios de las IA avanzadas y su control casi exclusivo han recaído en muy pocos individuos. ¿Abandonarán sus ventajas? Si lo hacen —cuando más beneficios y más control lleguen a ser compartidos a nivel nacional—, entonces comenzarán inmediatamente los llamamientos a la globalización de ambos. ¿Convertirá una nación su riqueza soberana en beneficio común? Algunos argumentarían que las barreras psicológicas al sacrificio desaparecerán una vez que el mundo deje de ser de suma cero. Sin embargo, esto presupone una transición que aún no se ha producido, que parece contraria al *statu quo* actual y que, de producirse, tendría que ser producto de la elección humana.

Además, incluso si lográramos llegar a un mundo más allá de la escasez, no está claro cómo se estructurarían los incentivos humanos globales para permanecer en armonía. Un mundo más allá del valor no está más allá de los valores. Quienes no se relacionan en función del dinero podrían hacerlo —y luego proceder a reorganizar la sociedad y las instituciones globales— en función de la religión, la raza, el linaje familiar, la educación, la moralidad, la habilidad, la estética, el humor o cualquier otra categoría. Los que no luchan por dinero pueden luchar por Dios, el poder, la gloria o la venganza.

Además, la historia económica confirma la dificultad de concebir sistemas que sean tan coherentes como eficaces. En el caso de la IA, nuestro optimismo podría estar injustificado y nuestros temores equivocados.

Sin embargo, los autores de este libro consideran que es posible aprovechar la IA en beneficio del ser humano, y solo esa posibilidad exige que empecemos a trabajar en esa dirección.

Además, confiamos en que, si tal esquema económico y político llegara a materializarse, al menos aliviaría, o tal vez eliminaría, las tensiones laborales, de clase y de conflicto que han desgarrado a la humanidad hasta ahora.

MOVILIDAD

Si en la era de la IA nuestra copa rebosa, ¿cómo garantizaremos que cada ser humano sea capaz de beneficiarse de forma remota y fiable del nuevo excedente? La humanidad ya ha hecho grandes avances en la distribución del valor: desde las primeras monedas, que aligeraban las cargas impuestas antes por los sistemas de trueque, hasta iteraciones posteriores de monedas fiduciarias, así como en invenciones digitales como las tarjetas de crédito, las transferencias bancarias y la banca móvil. Aunque estos medios han facilitado un movimiento más eficiente del valor a través del espacio, han perdido valor con el paso del tiempo debido a la inestabilidad de su oferta. Los proyectos modernos en moneda buscan la transferencia eficiente de valor tanto a través del espacio como del tiempo.

La economía moderna continúa estando formada por la producción de bienes y la prestación de servicios, no por sus representaciones indirectas y abstractas. El dinero es nulo sin un mercado; se convierte solo en una entrada en una base de datos para la asignación de recursos, en la que el valor deja de tener significado. Visto desde la óptica de la teoría de la información, el dinero tiene hoy mucho en común con una conexión a Internet, que para cualquier uso reconocible requiere también de un contexto relacional. En la era de la inteligencia artificial, la mejor manera de optimizar sus atributos técnicos se convertiría en una tarea de inmensa urgencia filosófica y técnica. Muy posiblemente, el mundo necesitará un nuevo tipo de red financiera que equilibre las funciones tradicionales del dinero como depósito coherente de valor y medio conveniente de intercambio.

La IA también introduciría nuevas dinámicas en los mercados financieros y las políticas económicas. Es fácil imaginar, en abstracto y en principio, cómo la IA crearía riqueza, incluso con acceso únicamente a Internet. Pero incluso si podemos inventar monedas, sistemas, mercados y políticas que respondan sabiamente a la aparición de esta escala de generación potencial de valor, ¿cómo resolvería o acabaría exactamente la IA con la pobreza, por ejemplo? En la práctica, ¿cómo establecería una línea de base global absoluta para nuestra calidad de vida?

Si la IA demuestra ser capaz de distribuir físicamente los bienes que necesitamos para satisfacer nuestras necesidades materiales fundamentales, el volumen de materiales que se generarían y moverían por todo el mundo no tendrá precedentes. No cabe duda de que existen muchas posibilidades para esta empresa, pero también muchas dificultades. Los sistemas distribuidos de IA se diseñarían para conectar a los desconectados mediante robots fabricados en masa y sistemas de infraestructuras optimizados para la IA. Esas nuevas conexiones —de las que carecen actualmente unos 2600 millones de personas— permitirían suministrar alimentos, ropa y cobijo a la mitad de la humanidad que aún no tiene cubiertas esas necesidades básicas.[13] Alternativamente, las IA podrían construir ciudades en todo el mundo para ofrecer viviendas, regular la temperatura, garantizar el acceso a la energía y a las conexiones digitales y suministrar agua potable, alimentos, medicinas y saneamiento. Las inteligencias artificiales de diversa complejidad podrían incluso prestar servicio a estas ciudades, que albergarían a decenas de millones de personas que, de otro modo, vivirían fuera del sistema de prosperidad del que muy pocos de nosotros disfrutamos hoy en día.

Tal vez ambas alternativas se hicieran realidad, junto con otros futuros que aún no hemos imaginado. En ese caso, los seres humanos conservarían sus opciones y probablemente disfrutarían de más libertad de elección que antes. Si los seres humanos ya no estuvieran atados a la geografía de su nacimiento, a las comunidades de sus parientes o a los mercados laborales en los que trabajan, ¿adónde se trasladarían si la inmigración dejara de ser una trágica necesidad para algunos y se convirtiera en una elección libre para todos? Si la IA construyera un gran número de ciudades nuevas de la misma calidad, ¿seguirían produciéndose migraciones masivas de los países subdesarrollados a los desarrollados o de los entornos rurales a los urbanos, como ha ocurrido históricamente?

Una mayor libertad psicológica en la formación de las familias también se haría realidad gracias a la IA. Algunos podrían optar por tener más hijos, liberados de la necesidad de tomar decisiones condenatorias sobre cómo distribuir los recursos entre varios hijos en función de cuáles de ellos tienen más posibilidades de supervivencia y éxito. Otros, que ya no dependerían de la descendencia para mantenerse en la vejez, se abstendrían de procrear. Las cargas generacionales se disiparían y, por consiguiente, esto permitiría a los hijos seguir geografías y profesiones que antes habrían descartado.

Los anteriores desequilibrios y asimetrías de la economía mundial provienen de diferencias en, entre otros factores, la dotación de recursos, la geografía y el capital humano. La IA podría reducir las diferencias de talento e igualar la distribución de los recursos. Ello restaría relevancia a las fallas predominantes en las que se ha basado durante mucho tiempo el comercio mundial y por las que se estratifica la prosperidad del mundo. Los países que hoy están en desventaja por sus dotaciones territoriales o de otro tipo, o que sufren la «fuga de cerebros», podrían encontrarse con nuevos medios para avanzar hasta los mismos niveles circunstanciales de los que disfrutan los gigantes económicos tradicionales del planeta.

¿Cómo pasar de la desigualdad internacional actual al futuro que describimos? El primer paso, quizás, sea el diseño de sistemas y aplicaciones basados en IA para hacer avanzar las ciencias materiales y optimizar las conexiones digitales, incluidos los conjuntos de datos creados específicamente que permitirían a estos sistemas funcionar en diversos contextos mundiales. Al invertir en estas ideas, debemos tener en cuenta los beneficios potenciales: una profunda transformación en el nivel general de la vida humana colectiva y en la igualdad de las vidas individuales en función de la raza, el sexo, la nacionalidad, el lugar de nacimiento y el entorno familiar. Un profundo proceso de igualación del coste de la inteligencia, distribuido por todo el planeta, traería consigo una igualdad de condiciones que nunca ha existido.

ABUNDANCIA SIN ABANDONO

Pero ¿qué pasaría si la IA, al tiempo que actúa como igualador económico, consigue que el coste de la inteligencia, y por tanto del trabajo, caiga en picado? Eso pondría fin al breve pero maravillosamente productivo periodo de la historia de la humanidad que ha permitido a los individuos de las sociedades libres mejorar sus circunstancias, si así lo desean, con su propio esfuerzo. Como la escasez ha sido el paradigma del pasado, la competencia —al menos en la era moderna— ha sido la condición por defecto de la autoorganización, lo que ha conducido naturalmente a amplias variaciones en la distribución de los resultados en función de la ambición, la capacidad y la lotería de dónde y de quién se ha nacido.

Todo esto ha significado que, en general, a quienes han sido más industriosos en la aplicación de su trabajo o en el aprovechamiento del trabajo de otros les ha ido mejor, mientras que a los demás les ha ido peor. Sin embargo, si eliminamos la función clasificadora del trabajo, también tendremos que lidiar con la eliminación de las profesiones y del estatus, de la identidad y del significado asociado a ellas. El mundo sería muy distinto.

Nuestros instintos naturales de superación de la adversidad, de celebración de la excelencia, de orgullo por la diferencia notable y la diversidad seguramente seguirán existiendo, aunque tendrán que buscar nuevos cauces. Al igual que antes había distribuciones de talentos humanos desiguales para el trabajo, es posible que surjan nuevas distribuciones de talentos humanos desiguales para el ocio. Y, esta vez, tales distribuciones no recaerían sobre los ejes existentes de capacidad, sino más bien sobre ejes de una cualidad diferente: curiosidad, sobriedad, amabilidad o, quizás, algo totalmente distinto.

En un mundo sin trabajo, muchos de nosotros podríamos sentirnos fascinados y absorbidos por mundos simulados y personalizados: una orquesta sensual de la vista, el oído, el olfato, el tacto e incluso el gusto, ahora posible gracias a los plenos poderes de la IA en el reino virtual. Como se explica en el capítulo 3, miles de millones de seres humanos pasivos podrían elegir este camino, o ser atraídos por él, ya que no les resultaría fácil ni necesario resistirse a una mejora tan instantánea del nivel de estimulación y de la sensación de control sobre su realidad.

Incluso hoy, cuando la gente no está ocupada con las tribulaciones de la vida y el trabajo, es probable que la luz de muchos ojos refleje el brillo de placas de cristal pixeladas. En todos los rincones del mundo, los trabajadores, agotados por sus jornadas de trabajo, se refugian comprensiblemente en este medio más ligero y puro para consumir y crear.[14] Si los seres humanos ya luchan por contener su atracción por las actuales tecnologías relativamente primitivas, ¿cómo gestionaremos las «máquinas de experiencias», enormemente superiores, que sin duda habilitará la IA?[15] Si muchos de nosotros apenas toleramos el dolor del trabajo, ¿cómo nos resistiremos al placer sin reservas?

La respuesta es que la psicología humana ha de coevolucionar con la IA y sus efectos. Es difícil predecir con exactitud cómo, pero parece posible que la IA pueda, de hecho, potenciar el sentido humano tanto o más de lo que lo disminuiría. El placer por sí solo no satisfará nuestro deseo innato de sentido. El trabajo —aunque no sea remunerado— proporcionará un sentido de propósito en la medida en que los medios sean extenuantes o los fines nobles. Una experiencia personal de dificultad es capaz de infundir un sentimiento de orgullo una vez superado el reto. El trabajo extenuante, sobre todo cuando se combina con el compromiso, presta su propio arco narrativo a nuestra comprensión del tiempo, el yo y la capacidad humana de dominio. Dada nuestra psicología humana, es muy posible que muchas fuentes de alegría y satisfacción permanezcan inalteradas en la era de la IA, a pesar de los innumerables cambios que seguramente se producirán en nuestras vidas.

Esto no quiere decir que simplemente volvamos a las actividades del pasado; al contrario, es posible que descubramos aspectos del potencial humano que hasta ahora no habíamos perseguido a escala. Pensemos en las posibilidades que surgirían de periodos de concentración humana que hasta ahora han sido imposibles de incluir en la semana laboral de una persona normal. Los ejercicios mentales y espirituales prolongados elevarían la conciencia humana. Los periodos prolongados de conciencia elevada podrían, a su vez, ayudar a nuestras conexiones relacionales con otros seres humanos (y animales), fortalecer nuestras percepciones de lo divino y producir niveles significativamente elevados de bienestar individual.

Los seres humanos que realizan hazañas aparentemente sobrehumanas sin ayuda, sobre todo aquellas que implican el uso de nuestros cuerpos físicos, seguirán siendo sin duda acontecimientos fascinantes. A medida que aumente el número de personas que se dediquen a este tipo de actividades e intenten dominarlas, cabe esperar que se incremente la excelencia. Los deportes y juegos que llevan al límite el cuerpo humano aumentarían entonces en prevalencia y calidad. El arte florecería, porque es probable que el anillo de lo auténtico conserve su encanto.

Históricamente, las universidades se han comprometido a ofrecer a sus estudiantes una introducción equitativa tanto a las ciencias como a las humanidades.[16] Consideramos que estas actividades esencialmente humanas —cada una, a su manera, una «búsqueda de sentido»[17] (según la expresión de cierto líder espiritual)— se expandirán aún más. En Occidente, las artes liberales eran las materias y habilidades que la Antigüedad clásica consideraba indicadores de una mente independiente. En la antigua Sinosfera, Zhang Yanyuan, un artista de la dinastía Tang, estableció que un «caballero erudito» debía demostrar competencia en «las cuatro artes»: habilidades relacionadas con el sonido, la vista, la estrategia y la escritura.[18] En el futuro, y en contraste con las escuelas de educación que son vocacionales, profesionales o técnicas, es posible esperar el renacimiento de algunos de los primeros intentos de nutrir al «individuo erudito» capaz y deseoso de una vocación diversa. Las escuelas de todo el mundo producirían los filósofos y escritores que necesitamos para reorientarnos hacia una era completamente nueva.

Las asignaturas que antes estaban reservadas a unos pocos privilegiados se convertirían en estándar para la mayoría, lo que sustituiría el enfoque anterior del aula media sobre el ensamblaje del trabajo productivo. El despliegue de educadores de IA permitiría la instrucción individualizada y los seminarios socráticos en todo el mundo. Imaginemos que del mismo modo que el joven Albert Einstein fue tutelado por Max Talmud (más tarde Max Talmey), Voltaire por el abate de Châteauneuf y Ada Lovelace (autora del primer algoritmo informático) por Mary Somerville, todos los niños estuvieran ahora capacitados de la misma forma para dominar su mente y su carácter.[19]

Podemos imaginar que donde hoy se encuentran las universidades —fieles a su forma original, un conjunto de dormitorios que rodean una biblioteca de libros en torno a la cual se reúnen mentes ávidas de alcanzar y ampliar la frontera intelectual— en el futuro haya campus con espacios de congregación para equipos de seres humanos que interpreten los descubrimientos de la propia IA, es decir, que comprendan y traduzcan los más destacados en relevancia para la vida humana.

En esta nueva rama de las ciencias, optaríamos por coevolucionar con la IA para continuar siendo socios de las máquinas en la frontera. O puede que eso no sea necesario para maximizar los beneficios que sus descubrimientos aporten a la humanidad. En cualquiera de los dos casos, y sobre todo en el segundo, esperamos que sea una actividad extraordinariamente difícil, que nos haga trabajar codo con codo con nuestras máquinas en turnos de 24 horas. Pero por agotador que sea, ese esfuerzo (que analizaremos con más detalle en el capítulo 8) será esencial.

EL PRIVILEGIO DE ELEGIR

Ante la amenaza percibida por la automatización del trabajo humano, muchos comentaristas se fijan hoy en el advenimiento de una nueva crisis espiritual: en un mundo de abundancia compartida, argumentan, seríamos como unos irresponsables ganadores de lotería vencidos por el hedonismo del exceso. En nuestra opinión, se trata de una perspectiva de privilegio. Para apreciar el extraordinario bien que hará esta tecnología a miles de millones de personas —incluidas las que actualmente carecen de dinero, conectividad, necesidades básicas y tiempo libre para participar en debates continuados como este—, basta recordar la suerte contrastada de sus antepasados: generaciones de padres que manejaban máquinas de fabricación primitiva, madres que luchaban en campos de áridas cosechas y niños trabajadores a los que se les robaba la inocencia. Si mañana por la mañana todos los seres humanos tuviéramos la opción de dejar de trabajar, sospechamos que la mayoría lo haría, mientras que los pocos que se negaran probablemente tendrían el privilegio de no hacerlo por obligación, sino por elección. Se podría dirigir a la IA para que haga aquello que ya no tendremos que hacer, precisamente para que hagamos solo las cosas que deseamos hacer.

Como explicamos en el capítulo 3, nos preocupa que una gran parte de los seres humanos nos convirtamos en consumidores pasivos de contenidos generados por la IA. Pero se trata de una preocupación derivada de nuestra tendencia al consumo fácil y, lo que es aún más preocupante, de lo que solo podemos suponer que será la percepción que la IA tendrá de nosotros en el futuro. En otras palabras, nuestra preocupación por la pasividad humana no tiene que ver con la pérdida del trabajo remunerado. Ya contamos con un prototipo de cómo vive la gente cuando tiene lo que quiere sin trabajar. Los llamamos ricos y jubilados. Ciertamente, los ricos —incluidos muchos que antes no lo eran— a veces no saben cómo ejercer sus opciones después de tantos años acumulando tantas riquezas. Como dijo Tolstói,

«Si un hada se me hubiera aparecido y me hubiera ofrecido hacer realidad mis deseos, no habría sabido qué pedir».[20] La adaptación a la abundancia probablemente será más un problema de transición que un reto permanente. Al principio, algunos percibirán la introducción del trabajo mecánico como una privación de su principal fuente de satisfacción y alegría. Sin duda será una experiencia chocante. Pero a nosotros nos parece probable —no como respuesta a nuestra exhortación, sino más bien como una consecuencia del instinto humano— que, con el tiempo, elegiremos perseverar, quizás en nuevas vías o como socios de la IA, para evitar la atrofia y destacar como pensadores y hacedores. En última instancia, si establecemos los sistemas necesarios para la distribución, la conexión, la participación y la educación, los seres humanos —potenciados e inspirados por la IA— podremos seguir trabajando no por una remuneración, sino por puro orgullo y placer.

CAPÍTULO 7

CIENCIA

L A IA ESTÁ A PUNTO de redefinir las posibilidades de toda empresa creativa y de impulsar nuevas conclusiones en todos los campos científicos. A su vez, es casi seguro que las exploraciones posteriores perfeccionen y amplíen el alcance de la comprensión humana. Como ya comentamos en el capítulo 1, es concebible e incluso probable que la IA avance en todas las direcciones a la vez y que sus éxitos en todos los frentes sean validados, absorbidos y combinados en enormes bloques de nuevos conocimientos humanos.

Si el pasado reciente se ha definido por los triunfos humanos en la ingeniería de sistemas complicados —microprocesadores, Internet, motores a reacción, aceleradores de partículas—, el futuro se definirá por la ingeniería, mediante la IA, de sistemas complejos de alta dimensión: economías humanas, vida biológica y el clima de planetas enteros, de otros y del nuestro.[1]

EL JARDÍN DE LA MEDICINA

La fragilidad de la salud humana ha sido responsable de más muertes prematuras y dolor innecesario que cualquier conflicto o catástrofe natural de la historia.[2] Aunque en los dos últimos siglos hemos realizado algunos intentos rudimentarios e incompletos de descifrar y controlar el código de la vida, nuestra capacidad para proceder con mayor precisión e intención se ha visto obstaculizada por un único ingrediente que faltaba: a saber, una inteligencia capaz de comprender ese código con un nivel de detalle suficiente. Ahora, impulsados por la aparición de una inteligencia que supera con creces la nuestra, nos acercamos a una revolución biológica que cambiará nuestra concepción de la vida humana.

Fundado en el siglo XVII por un edicto del rey Luis XIII de Francia y puesto bajo la autoridad de su médico real, el *Jardin royal des plantes médicinales* [Real jardín de plantas medicinales] fue el mayor y más avanzado proyecto de este tipo de su época. Las expediciones científicas a lugares tan remotos como Java y el

Amazonas habían regresado con una deslumbrante variedad de plantas, meticulosamente estudiadas por su potencial uso medicinal por un dedicado equipo de botánicos.

Menos de una década después, el propio monarca francés sucumbió a la tuberculosis; ningún antídoto terrenal fue lo bastante potente como para aliviar su dolor o retrasar su muerte. Pero el jardín produjo con éxito tratamientos y remedios que no se encontraban en ningún otro lugar del mundo.[3] En la actualidad, la IA tiene el potencial de convertirse en una biblioteca de fármacos igualmente excelsa, que abrirá un nuevo y vasto depósito de remedios para el alivio de la enfermedad y la tensión, para el beneficio humano.

Extraordinariamente hábiles para generar nuevas combinaciones de elementos definidos e identificar sus atributos de mayor rendimiento, IA revolucionarias, como AlphaFold de DeepMind —con su gigantesca base de datos de más de 200 millones de predicciones de estructuras proteicas—, han abierto nuevas perspectivas en la salud mundial. Es probable que la IA produzca avances no solo en la ingeniería de proteínas adicionales, incluidas nuevas hormonas, enzimas y anticuerpos, sino también en la identificación de las causas moleculares de diversas enfermedades y el desarrollo de posibles tratamientos para ellas. A su vez, la atención médica, basada en la resolución sin precedentes de la IA a escala molecular y genómica, podría ser cada vez más personal, con fármacos —incluidos sus métodos de administración— adaptados al perfil metabólico único de cada individuo, el riesgo de adicción, las tolerancias estimadas y la susceptibilidad a los posibles efectos secundarios.

Los médicos comprometidos con el alivio del sufrimiento humano tendrían así un socio que les ayudaría a cumplir su misericordiosa misión. Las instrucciones de las máquinas guiarían a las manos más hábiles —por ejemplo, en neurocirugía— para realizar operaciones que durante mucho tiempo se consideraron posibles pero demasiado arriesgadas para llevarlas a cabo con seguridad. La IA ya está ayudando a encontrar vías no destructivas o no intrusivas a través del cerebro para eliminar mecánicamente fuentes debilitantes o curarlas biológicamente. Cuando los problemas no son físicos, sino psicológicos, la IA podría combatir la pérdida cognitiva, las enfermedades mentales, los trastornos psiquiátricos y, posiblemente, incluso la soledad.

De hecho —y como cabría esperar—, la IA también nos alejaría de los tratamientos y nos acercaría a la **prevención**, lo que reduciría así la necesidad de curar. Actuando como mecanismos de alerta temprana, los sistemas de IA nos alertarían de malignidades y anomalías mucho antes de que se conviertan en amenazas graves. También a nivel social podrían convertirse en sistemas avanzados de vigilancia de la salud, capaces de identificar y neutralizar enfermedades infecciosas antes de que se conviertan en pandemias planetarias.

Sin embargo, todos los escenarios anteriores, incluso el relacionado con la prevención de enfermedades y muertes prematuras, son ejemplos de remedio. Son formas en las que la IA podría ayudarnos a mitigar o resolver problemas que actualmente arrastran la salud individual por debajo de los estándares existentes de bienestar adecuado. ¿Y qué hay de los avances que redefinirían al **máximo** la salud humana?

Magnificados por la IA, algunos avances médicos pasarán de ser terapias a convertirse en extensiones de la longevidad humana. El reciente fenómeno de la edición genética demuestra la proximidad y viabilidad de tales avances. Los científicos que usan la biotecnología conocida como CRISPR-Cas9 —y otra variante llamada edición primaria— empiezan por identificar una secuencia genética específica que les gustaría manipular. A continuación, una cadena prediseñada de ARN guía a otra enzima especial hasta un fragmento concreto de ADN de dicha secuencia, de esta forma lo abre para realizar los cambios y correcciones necesarios. Con estas herramientas, y las que las sucedan, quizá sea posible vencer no solo nuestras deficiencias, sino la propia mortalidad.

La muerte, sin embargo, siempre ha sido el límite divinamente impuesto a la humanidad, y ningún intento de eludirla queda impune. Pensemos en el mito de Sísifo, el astuto rey de la antigua Éfira (actual Corinto), que debía ser encarcelado en el inframundo por enfadar a los dioses. Escapó de la mortalidad con un truco —atando a Tánatos, el dios de la muerte, con sus propios grilletes— antes de huir a la tierra de los vivos. Pero desató el infierno en la Tierra porque la muerte no se llevaba a nadie (ni a nada). Los ancianos y los enfermos sufrían eternamente, el ganado no podía sacrificarse para el consumo y no se podían hacer sacrificios a los dioses.

Hay más cosas que contar, pero la crisis acabó cuando Ares, el dios griego de la guerra, intervino para liberar a Tánatos y permitió a Sísifo escapar por segunda vez del profundo abismo del Tártaro. Pero eso fue todo: el rey griego recibió un escarmiento antes de cometer una tercera transgresión.

La muerte continúa siendo el gran igualador de la vida. Incluso el emperador chino Qin Shi Huang[4] —supuesto hijo del cielo y uno de los primeros buscadores del elixir de la vida— murió por beber demasiado mercurio y fue enterrado junto a su vasto ejército de arcilla. Parece que buscar la inmortalidad solo sirve para acelerar lo contrario.

Además, nuestra «impermanencia» tiene sus ventajas. Agudiza la mente y otorga una urgencia mayor a nuestras acciones. Como declara de un modo triunfal el escritor estadounidense Jack London, «La verdadera función del hombre es vivir, no simplemente existir. No malgastaré mis días intentando prolongarlos. Voy a aprovechar mi tiempo».[5] Para otros, escribe Tolstói (citando a Sócrates), «No nos acercamos a la verdad sino en la medida en que nos alejamos de la vida».[6] El gran físico John von Neumann, al morir de un cáncer terminal, pidió que un sacerdote católico lo acompañara en sus últimos días, su fe ya no estaba reñida con la ciencia agnóstica que él mismo había impulsado.[7] ¿No tienen acaso un cierto propósito todos los finales?

Hoy o mañana podríamos vernos obligados a **comprobar** hasta qué punto la IA puede prolongar nuestras vidas. Una reducción de nuestra conciencia de mortalidad inminente quizá, de paso, efectuaría cambios incalculables en la psique humana. A su debido tiempo, las sociedades tendrán que decidir colectivamente la duración ideal de la vida humana y, al hacerlo, responder a las preguntas metafísicas y espirituales que se plantean: ¿es la longevidad humana simplemente el producto de una expectativa comunitaria, un límite que puede desecharse como una frontera errónea y autoimpuesta al potencial de nuestra especie? ¿O deberíamos considerar la esperanza de vida humana, ya sea natural o divina, como un límite sagrado al poder de una sola persona? Estas cuestiones son más profundas que cualquier búsqueda individual de una biología óptima.

Aunque no se modificara la duración total de la vida, en el futuro quizá sería posible garantizar que esta no terminaría por un declive prematuro nacido de la vulnerabilidad biológica. Pero ir demasiado lejos hacia la eliminación de esa debilidad también acarrearía efectos secundarios. ¿No era nuestro triunfo sobre los desafíos, incluidas las enfermedades, lo que nos hacía respetables? Por otra parte, aunque curemos todas las enfermedades humanas o nos las ingeniemos para ser inmunes a ellas, los humanos seguiremos siendo vulnerables de otras formas: a los accidentes, a la ruina financiera, al desamor.

En una visita a París en 1833, Ralph Waldo Emerson quedó fascinado por el Real jardín de plantas medicinales, asombrado por lo avanzado que parecía el mundo natural —en toda su variedad y forma— frente a las máquinas de la Revolución Industrial.[8] Desorientado en una era tecnológicamente caótica, el ambiente transatlántico era una ambigua mezcla de asombro y alarma. Emerson, a su regreso de aquel «célebre depósito de curiosidades naturales», se retiró a la Massachusetts rural e, inspirado por lo que había visto, articuló una respuesta humana que volvía a situar el mundo natural en el centro del ahora mecanizado mundo. Su diagnóstico enfatizaba la forma en que la biología nos guiaría a través de tiempos desconocidos, al tiempo que serviría como nuestro más firme recordatorio de que los humanos seguimos siendo los últimos «definidores y cartógrafos de las latitudes y longitudes de nuestra condición».[9]

Medio siglo después de la visita de Emerson, y dos siglos y medio —de violenta revolución y revisión curatorial— después de su fundación, el jardín se transformó más allá de las necesidades inmediatas de su primer mecenas para convertirse en un museo para la historia de lo que entonces era una nueva y controvertida idea. Su nombre: *La Galerie de l'Évolution* [La galería de la evolución].[10]

La evolución está llamada a redefinirse en la era de la IA, ya que ciertas herramientas plantean la perspectiva de la autoingeniería humana. Por ejemplo, la mayor parte de la edición genética que permiten los instrumentos modernos se limita a las células somáticas o no reproductivas. Sin embargo, se pueden realizar algunas ediciones en células de la línea germinal, cuyas características se heredan reproductivamente. Algunas personas podrían decidir «corregir» enfermedades congénitas en su descendencia. Otros irían más allá y optarían por instalar ventajas congénitas, que no pertenecerían a ninguno de los progenitores biológicos o, incluso, a ningún otro ser humano. Eso iría más allá de la elevación de la raza humana; sería su propio rediseño.

Es posible que pronto tengamos el poder de determinar el ritmo y la dirección de nuestra propia especie. Esta idea es hoy tan controvertida como lo era la evolución en tiempos de Emerson, y la perspectiva plantea una pregunta obvia pero insidiosa: ¿cómo es el ser humano perfecto? Esa pregunta se la han hecho y respondido diversas sociedades, y en algunos casos ha sido la base de empeños «científicos» y políticos que trajeron consigo grandes tragedias humanas. Así que también debemos preguntarnos, con cierto temor: ¿deberíamos intentar averiguarlo?

Quizá estos experimentos sean sacrílegos. O quizá la capacidad humana de inventar estas tecnologías sea en sí misma un indicio de que lo que hemos percibido como nuestro límite siempre estuvo destinado a romperse. Si existe un Creador, ¿fuimos creados para que, en última instancia, nos creáramos a nosotros mismos? Si es así, ¿es nuestro deber garantizar el mantenimiento de la agencia humana en la era de la IA? Diferentes comunidades darán respuestas distintas a estas preguntas. Ninguna podrá escapar de la necesidad urgente de una respuesta.

LA INGENIERÍA DE LA TIERRA

La historia de la Tierra es tan violenta como incomprendida. Existe un estrecho margen de condiciones climáticas adecuadas para el florecimiento de la vida. Un poco más de frío —como ya ha ocurrido en no menos de cinco glaciaciones— y la Tierra se convierte en una roca desolada y helada.[11] En *Los hermanos Karamazov*, de Fiódor Dostoievski, el diablo le dice a Iván:

> Nuestra tierra actual puede haberse repetido mil millones de veces. Se ha extinguido, se ha congelado, se ha agrietado, se ha roto en pedazos, se ha desintegrado en sus elementos, de nuevo «el agua sobre el firmamento» [Génesis 1:7], de nuevo un cometa, de nuevo un sol, de nuevo del sol se convierte en tierra... y la misma secuencia puede haberse repetido sin fin y exactamente igual hasta el último detalle, de lo más indecoroso e insufriblemente tedioso.[12]

Aunque no compartamos la exasperación del ángel caído, somos conscientes de la ciclicidad de la historia geológica de nuestro planeta. Las diversas causas de las cinco extinciones masivas anteriores —desde impactos instantáneos de meteoritos hasta la formación gradual de glaciares— han sido todas resultado de las vicisitudes extremas del clima de la Tierra.[13]

El problema actual, por supuesto, es una aceleración decisiva hacia un nuevo extremo térmico. En realidad, son dos problemas distintos, ambos derivados de una dependencia excesiva del carbono. Nosotros, los autores de este libro, estamos convencidos (quizá con optimismo) de que ambos están causados por la química y que, en última instancia, se resolverán gracias a ella, siempre que se puedan aprovechar todas sus capacidades mediante la IA.

El primer problema es el calentamiento de la atmósfera. Nuestros males actuales se deben a que hemos trasladado demasiado carbono fósil, con demasiada rapidez, de la geosfera subterránea a la biosfera activa de la superficie.[14] Los esfuerzos en ingeniería de sistemas climáticos —de los que hay dos aplicaciones principales— siempre han sido difíciles en teoría y aún más difíciles de probar en la práctica. Sin embargo, donde nosotros chocamos con obstáculos, la IA podría no hacerlo. Una de las aplicaciones es la eliminación del carbono, que invierte la transferencia del exceso de carbono —en este caso, de nuestra atmósfera de vuelta al subsuelo, a la geosfera—. La principal solución se basa en una sencilla reacción química descubierta hace más de dos décadas. La IA podría desvelar un nuevo método más eficaz.[15]

Otra aplicación es la geoingeniería solar: la liberación de determinadas partículas en la atmósfera para reflejar la luz solar y «enfriar la Tierra». La ingeniería solar, al igual que la eliminación del carbono, podría reducir los efectos del cambio climático y permitirnos evitar algunas de las consecuencias más extremas del carbono acumulado (sin embargo, ninguna de ellas abordaría las causas profundas del cambio climático). Otras ideas hipotéticas para la ingeniería de los cielos se basan en chorros a gran altitud y elementos erupcionados por supervolcanes. Si alguna vez se prueban a gran escala, al igual que la eliminación del carbono, tal vez resultarían estrategias rudimentarias y arriesgadas.

Una IA, sin embargo, si se diseña para integrar datos de instrumentos en la tierra, en el mar y desde el espacio, podría crear un modelo inmensamente detallado y en tiempo real del clima de la Tierra. Con un alto nivel de detalle, la química atmosférica de nuestro planeta podría aparecer no como el sistema caótico que vemos, sino más bien como otro proceso industrial de entradas y salidas químicas exactas, todas capaces de ser gestionadas de forma precisa.

La IA también respondería a incidentes puntuales que amenacen el precario equilibrio climático de la Tierra, ya sea la erupción de un supervolcán que arroje materia a la atmósfera superior o la detonación de bombas atómicas que amenacen con un invierno nuclear, aunque en este último caso solo evitaría el colapso ecológico sin hacer nada por impedir la catástrofe humana inmediata. Aun así, al intervenir a escala planetaria, una IA acostumbrada a la supervisión precisa de nuestro clima estaría bien posicionada para mantener nuestro hogar habitable.

Por tanto, creemos que la IA ofrece una fuente de esperanza en una lucha que con demasiada frecuencia se presenta como algo que no podemos ganar. Sin embargo, incluso si las IA demuestran ser capaces de estas intervenciones, sería peligroso depender demasiado de ellas. Esta ayuda solo debería considerarse un complemento y no un sustituto.

Además, el segundo problema —el de la energía, distinto del del calentamiento atmosférico— sigue exigiendo una solución aparte. Dado que los hidrocarburos, nuestra principal fuente de energía, tardan millones de años en producirse, pero solo cientos de años en consumirse, los seres humanos se ven obligados a encontrar una alternativa para la energía planetaria, independientemente de cualquier cambio en la composición atmosférica.[16]

Si en general tenemos razón en que la IA puede ajustar la química de nuestra atmósfera, es posible que pueda hacer lo mismo con nuestros productos energéticos: diseñar y producir nuevas materias primas libres de carbono para sustituir a sus problemáticas predecesoras. No es descabellado imaginar a una IA probando y ajustando millones de sustitutos sintéticos en una simulación virtual o en un laboratorio físico hasta llegar a sustitutos sin carbono del petróleo, el gas y el carbón.

En un mundo ideal, la IA también diseñaría microorganismos optimizados para producir estos nuevos combustibles, y concebiría sus procesos para que encajaran en las refinerías existentes y funcionaran con los equipos heredados. Al generar energía en los mismos lugares mediante la misma maquinaria, pero no por los mismos métodos, estos sustitutos sostenibles serían compatibles no solo con las infraestructuras de su producción, sino también con su transporte y consumo. Otra posibilidad es que la IA consiga por fin la viabilidad de la fusión, lo que resolvería no solo el problema energético de nuestro planeta, sino también el de cualquier otro planeta en el que lleguemos a vivir algún día.

Algunos se opondrán a estas ideas por considerarlas poco realistas (sobre todo dada la urgencia de nuestro reto inmediato) o quizá indeseables, es decir, contrarias a nuestro deseo de dejar la naturaleza inalterada, afín al instinto que tanto motiva nuestros esfuerzos por preservarla. Como advierte el ecologista indígena ecuatoriano Nemonte Nenquimo, «La Tierra no espera que la salves, espera que la respetes».[17]

Creemos que nuestro optimismo se ajusta a las exigencias tanto de respeto como de humildad. También admitimos que lo único que sabemos es que el futuro es incognoscible. De ningún modo sugerimos ni insinuamos que sea necesaria una superinteligencia para sacarnos del atolladero en el que nos hemos metido. Incluso sin la ayuda de la inteligencia artificial, los humanos somos muy capaces de hacerlo, y no deberíamos detener ni ralentizar nuestros esfuerzos.

Al contrario, deberíamos acelerarlos. Sobre todo si tenemos en cuenta la enorme cantidad de energía que probablemente consumirá el entrenamiento y la inferencia de las IA, procedimientos que, si no van acompañados de ninguno de los esfuerzos intencionados y dirigidos descritos aquí, no harán sino exacerbar nuestras ya de por sí terribles circunstancias.

Al mismo tiempo, si el silicio puede aportar soluciones adicionales a los problemas creados por el carbono, haríamos bien en explorar esa oportunidad —sobre todo si no perdemos de vista los enormes beneficios potenciales para el mundo en desarrollo, que es el que más sufre los problemas causados por el cambio climático, y que también se enfrentaría a dificultades particulares si se impusieran limitaciones estrictas al consumo mundial de energía—.

Con demasiada frecuencia, la IA se considera un producto más de la misma filosofía destructiva culpable de nuestro actual dilema climático. Nos preocupa que esa visión sea demasiado miope y que pueda hacernos perder una oportunidad importante de arreglar nuestro presente sin retroceder a un pasado preindustrial. Esperamos, como Winston Churchill en 1940, ser testigos de cómo «el Nuevo Mundo, con todo su poder y su fuerza, avanza al rescate y a la liberación del viejo».[18]

MÁS ALLÁ DE NUESTRO PLANETA

Enterrada en lo más profundo de las montañas del suroeste de China, la humanidad contiene la respiración, escucha los latidos de su propio corazón y espera pacientemente a que emerjan los primeros gritos del mar de silencio cósmico. Este remoto lugar alberga el mayor radiotelescopio de la Tierra, una gigantesca y lisa antena metálica tan grande como los picos que la ocultan a la vista, una máquina apodada el «Ojo del Cielo» y construida a medida para buscar vida más allá de nuestro planeta. Sin embargo, aunque la inmensidad y la antigüedad del universo deberían convertirlo en una cacofonía de señales de otras civilizaciones, o al menos de los restos de las anteriores, el silencio es casi absoluto.

Creemos saber qué buscar. Intentamos adivinar las tecnologías que podría haber desarrollado una civilización suficientemente avanzada y predecir cuáles de sus señales podríamos ver u oír. La búsqueda de destellos de energía atómica en las atmósferas de mundos lejanos o de estructuras físicas anormalmente grandes en campos estelares densos se ve constreñida por los límites de nuestros instrumentos, incluida nuestra imaginación.

Si existe vida más allá de la nuestra, los astrónomos chinos de este puesto avanzado podrían ser los primeros en escucharla.[19] Quizá lo haga otra inteligencia alienígena nacida en nuestro propio planeta.

La IA ya nos ayuda a escuchar y buscar vida extraterrestre al cribar miles de millones de tecnofirmas antiguas y separar las causadas por la interferencia humana de las de posible origen ajeno.[20]

Donde los seres humanos solo escucharíamos estática, la IA reconocería comunicaciones previamente indescifrables o pasadas por alto.

Galileo describió en una ocasión nuestro universo como un «gran libro» escrito en el lenguaje de las matemáticas. Si las formas de vida alienígena han aprendido este método universal y preciso de representación y razonamiento —como hemos hecho nosotros— o si sus lenguajes —como el nuestro— son traducibles a forma matemática, podríamos ser capaces de interpretar sus señales y responder a ellas. Lo más probable es que este esfuerzo se vea al menos asistido, o dirigido, por la IA.

Las IA podrían convertirse en mucho más que observadores y receptores pasivos, no solo como traductores, sino también como aventureros, faros y exploradores. Podrían actuar como astronautas y llegar más lejos de lo que los humanos habríamos imaginado. Los humanos del futuro incluso acompañarían a sus IA más allá del sistema solar. Juntos esclarecerían la existencia de civilizaciones desaparecidas hace mucho tiempo y descubrirían las razones de su extinción, tal vez para advertirnos sobre los peligros potenciales que nos aguardan. Las IA familiarizadas con el espacio profundo podrían descubrir nuevos y abundantes materiales orgánicos. En un futuro lejano, ayudarían en la ingeniería de megaestructuras planetarias para proteger a la Tierra del impacto de cometas y asteroides o de ser engullida por agujeros negros. Diseñarían las atmósferas de los planetas para adaptarlas a nosotros o para ayudarnos a ajustar nuestra fisiología para facilitar su aclimatación a otro sistema.

Por supuesto, la IA se convertiría en la razón misma del fracaso de nuestra civilización, acabaría con la humanidad al ponernos en contacto con otra inteligencia alienígena pero hostil. Por ejemplo, la IA podría hacer posibles señales más fuertes y duraderas en el espacio, y así indicar la presencia de la civilización humana a cualquiera que escuche en la oscuridad. También haría posible explorar otros mundos habitados, lo que aumentaría enormemente la probabilidad de encontrar uno sin saber el resultado. Hay quienes argumentan que, si vamos a entrar en el terreno de la exploración espacial, deberíamos hacerlo solo después de alcanzar un nivel de sofisticación tecnológica que nos permita defendernos de cualquier enemigo imaginable, lo que sugiere que la IA es un prerrequisito —y una salvaguarda posterior— para cualquier encuentro con vida extraterrestre. Pero si nos topamos con una especie inteligente posbiológica, nuestros compañeros de silicio no nos garantizarán una buena acogida.

La otra forma en que la IA significaría el fin de la civilización humana, por supuesto, sería que se desalineara con la humanidad (esa posibilidad parecería aún más acuciante si descubriéramos pruebas de una extinción de la vida biológica provocada por una máquina en otro planeta). Durante eones, nuestra fascinación por la vida más allá de nuestro planeta consumió nuestros escritos, animó nuestras religiones y preocupó a nuestros astrónomos. Estamos seguros de que la humanidad ha pensado mucho más en mundos lejanos que en esta posibilidad más probable: un «primer contacto», en la propia Tierra, con criaturas de nuestra propia creación. Deberíamos estar tan preocupados, o tal vez más, por comprender y dar forma a la naturaleza y la intención de los que están aquí con nosotros como de los que están lejos en el espacio y el tiempo; y este será el tema de un extenso debate en el próximo capítulo.

Incluso si los equipos formados por humanos e IA no descubren formas de vida alienígena ni se abren camino hacia planetas alienígenas, podrían adquirir conocimientos útiles antes inaccesibles. Juntos, llegaríamos a comprender mejor el alcance del universo, la naturaleza del espacio-tiempo, la estabilidad de los sistemas estelares y la naturaleza de la gravedad en astrofísica. El modelado mecánico de la IA podría reducir las distancias estelares, comprimir y expandir el tiempo humano en la Tierra, y deformar y estirar nuestra percepción de todos los bordes y aspectos de nuestro universo.

Un estudio de la astrofísica posibilitado por la IA permitiría una comprensión humana más profunda de dónde venimos en un pasado impensablemente antiguo. La cosmología religiosa lleva mucho tiempo intentando dar respuestas filosóficas o teológicas a estas preguntas sobre los orígenes humanos. Lo que encontremos en nuestra próxima fase de exploración universal —que necesariamente implicará nuestro pasado más profundo— teñiría nuestra percepción de algunas de las creencias más sagradas de la humanidad. Quizá haya una razón para que la reliquia islámica más sagrada sea la Piedra Negra, un meteorito ubicado en el interior de la Casa de Dios en La Meca, el centro del ritual en el mundo musulmán.[21] Quizá haya algo más en el concepto cabalístico de *kefitzat haderekh*, que en hebreo significa 'atajo milagroso' (literalmente, «un salto en el camino») entre dos lugares distantes en un breve espacio de tiempo.[22]

En *El gran diseño*, Stephen Hawking y su coautor Leonard Mlodinow escriben: «El pasado [no observado], como el futuro, es indefinido y existe solo como un espectro de posibilidades».[23] Por ahora, esta es la percepción humana.

Queda por ver si inteligencias mecánicas tan precisas como las que estamos desarrollando ahora podrían desestabilizar esta incertidumbre y señalar una sola realidad. De este modo, nuestras creaciones transmitirían una única historia universal, que se sintiera a la vez ordinaria y especial, imposiblemente pequeña y milagrosamente divina.

PARTE III

EL ÁRBOL DE LA VIDA

CAPÍTULO 8

ESTRATEGIA

E N EL SIGLO XX, la historia obligó a las sociedades humanas a emprender una serie de proyectos monumentales. Entre ellos, el rápido impacto de las dos guerras mundiales y el consiguiente desarrollo de una arquitectura internacional para evitar que se repitieran; la lenta decadencia de los imperios y la organización de Estados independientes para facilitar la reconstrucción postcolonial; la rápida expansión de las fuerzas tanto comerciales como tecnológicas; y la reafirmación de la autonomía —individual, cultural y nacional— para moderar el avance de esas fuerzas.

En muchos aspectos, la humanidad terminó el siglo siendo más pacífica, igualitaria y conectada que nunca. En otros aspectos, sin embargo, nuestros esfuerzos colectivos han fracasado: continúan presentes —y persisten— el sufrimiento humano básico, las desigualdades globales y la posibilidad de enfrentamientos cataclísmicos entre rivales geopolíticos.

Además, ahora nos enfrentamos a un reto más complejo, existencial y diferente que todos los anteriores. No obstante, no disponemos de décadas, y mucho menos de un siglo, para abordarlo. Las reducidas escalas de tiempo de la IA, como explicamos en el capítulo 2, nos dejan menos margen de actuación; y una tolerancia prolongada por nuestra parte desembocaría en una catástrofe. En un plazo de tiempo peligrosamente breve, nuestros esfuerzos colectivos deben tener un éxito aún mayor que los logros del siglo pasado.

Un mundo en turbulencia presenta, sin embargo, muchas salidas para la acción productiva, la mayoría de las cuales solo requieren decisiones tácticas. En un momento así, la maniobra más eficiente y eficaz consiste en definir los fundamentos de una estrategia que permita guiar las opciones tanto de hoy como de los días que sean previsibles. Articular principios estratégicos establecerá límites útiles sobre lo que es concebible y proporcionará fundamentos para decisiones aisladas que disminuyan la carga mental cuando la crisis llegue de forma inevitable.

En nuestra opinión, una cuestión debe definir nuestra estrategia en esta nueva era de ajuste de cuentas. Esa pregunta es la siguiente: ¿nos pareceremos más a ellos o ellos se parecerán más a nosotros? Es un interrogante que ya se planteó muy al principio de este libro, prácticamente en los mismos términos. Responderlo sigue siendo nuestra primera y más necesaria tarea.

Este capítulo intenta dar una respuesta preliminar. Para ello, analizaremos varias ideas problemáticas y quizá vagas, desde la «coevolución» de lo orgánico (es decir, lo biológico) y lo sintético (es decir, lo artificial) hasta la naturaleza de la seguridad inteligente y la inteligencia segura, pasando por la definición de lo que es humano. Aunque las ideas en sí no han sido dictadas desde arriba ni grabadas en piedra desde abajo, sus diversas implicaciones para los futuros actores suponen un reto formidable. Sin embargo, a pesar de la dificultad, es imposible eludir el trabajo filosófico, técnico y diplomático necesario para comprender esas implicaciones y formular y promulgar respuestas sensatas. Al asumir la carga, podemos agradecer que no sea demasiado tarde para trabajar en pos de que —más allá de este punto de inflexión de la historia— prevalezcan las buenas intenciones.

COEVOLUCIÓN: HUMANOS ARTIFICIALES

Hasta ahora, la historia de la informática ha seguido una trayectoria de integración e interacción cada vez mayores entre seres humanos y máquinas. No nos habíamos planteado desarrollar herramientas inadaptadas a nuestra anatomía o intelecto, sino que nos guiábamos únicamente por los límites de nuestra biología. Sin embargo, tal vez ahora la llegada de la IA persuada al menos a algunos de nosotros de contemplar una misión inversa: en caso de que nuestras herramientas parezcan superar nuestras capacidades —como ya ocurre a veces con la IA—, ¿consideraríamos la posibilidad de diseñarnos a nosotros mismos para maximizar la utilidad de las herramientas y garantizar así nuestra participación continuada en empresas compartidas como las descritas en los capítulos anteriores?

Ya están en marcha iniciativas de ingeniería biológica diseñadas para lograr una fusión más estrecha entre los seres humanos y las máquinas, empezando por las interconexiones físicas mediante chips en el cerebro, que buscan una forma más rápida y eficiente de tender puentes entre la inteligencia biológica y la digital. Forjar estos vínculos aumentaría nuestra capacidad para comunicarnos con las máquinas y desafiarlas en sus propios términos, garantizaría que los conocimientos adquiridos por la IA se transmitan en última instancia a los humanos, además de convencerla de la valía de tenernos como socios en pie de igualdad.

De hecho, los intentos de construir esas «interfaces cerebro-ordenador» no solo reforzarían el esfuerzo de la humanidad por integrarse con las máquinas, sino que la ingeniería neuronal podría ser solo una fase intermedia de transición hacia la simbiosis real. Alcanzar una verdadera paridad con la IA probablemente requeriría pasos que van más allá de la modificación individual. Por ejemplo, una sociedad podría intentar diseñar una línea genética hereditaria personalizada para la amenidad en colaboración con la IA. Estas nuevas interconexiones entre la inteligencia biológica y la artificial evitarían —o relegarían al pasado— las ineficiencias humanas en la absorción y transmisión del conocimiento.

Pero los peligros —éticos, físicos y psicológicos— de esta vía también serían mayores que los beneficios. Si logramos revisar nuestra biología (probablemente mediante el uso de la IA), los humanos perderemos una base sobre la que fundamentar nuestro pensamiento futuro sobre las posibilidades o peligros a los que nos enfrentaríamos como especie. Pero si no adquirimos esas nuevas capacidades, estaríamos quizás en desventaja a la hora de coexistir con nuestra creación. Tal como están las cosas ahora, tal vez no sea necesario un autodiseño extremo y, de hecho, estos autores piensan que, en general, no sería deseable. Sin embargo, la elección entre alternativas que ahora nos parecen fantasiosas quizás pronto debamos afrontarla como algo real.

Mientras tanto, al intentar comprender nuestro papel cuando ya no seamos los únicos (ni siquiera los principales) actores de nuestro planeta, ampliaría nuestra reflexión echando un vistazo a la propia historia de la coevolución biológica. Charles Darwin escribió extensamente sobre el curioso proceso mediante el cual las especies se afectan mutuamente en su evolución.[2] Aunque nunca utilizó la palabra coevolución en sus escritos, Darwin fue uno de los primeros en reconocer que es una fuerza importante que organiza la vida en la Tierra.

Los genomas de las especies que interactúan entre sí están vinculados; cambian al responder unos a otros a lo largo del tiempo. Por ejemplo, tanto los picos largos y delgados de los colibríes como los largos embudos de ciertas flores han crecido juntos hasta alcanzar esas dimensiones extremas para satisfacer las necesidades mutuas. Mientras que los líderes religiosos de la época de Darwin creían que esas adaptaciones personalizadas eran prueba de un diseño divino, Darwin aportó pruebas de una explicación diferente.

Y puede que la coevolución no sea exclusiva de las especies terrestres. Hay una teoría en astrofísica que propone que toda la expansión del cosmos se atribuiría a la coevolución, pues los agujeros negros y las galaxias se desarrollan de forma interdependiente, como ocurre con los colibríes y las flores.[3] Además, el sentido de que la coevolución implica que múltiples partes diseñan nuevas disposiciones internas en respuesta a las demás se encuentra de forma similar en los matrimonios de las personas, las plataformas de los partidos políticos y las relaciones de las naciones (por ejemplo, en las evoluciones ofensivas y defensivas que acabaron estabilizando la dinámica nuclear durante la Guerra Fría).

Entonces, ¿acaso la coevolución sea la regla y la inmovilidad la excepción? Si es así, cabe preguntarse si la ausencia de cambios hasta ahora en la especie humana, a pesar del nacimiento de la IA, es en sí misma una evolución natural. Y si no es así, ¿cuál debería ser nuestra respuesta? ¿Perseguir a toda costa la aceleración del progreso humano, tanto por lealtad al concepto de evolución como por aprensión a su alternativa?

Hay quienes temen que, con la llegada de una tecnología con una inteligencia «superior», nos enfrentemos a nuestra propia extinción. ¿Qué hacer? Si esa posibilidad no es más que un efecto secundario lógico de la coevolución que sigue su curso, ¿debemos rebelarnos o no? Como dice el filósofo francés Alain Badiou, «es el propio mar el que modela los barcos, eligiendo los que funcionan y destruyendo los demás».[4] Para sobrevivir en ese caso, deberíamos aprender, como en el pasado, a construir mejores barcos. En este escenario, la IA funciona primero como nuestra principal amenaza y luego, idealmente, como nuestro socio.

Sin embargo, si adoptamos este enfoque, al intentar mitigar los riesgos de una tecnología estaríamos paradójicamente aumentando los de la otra. Biológicamente o, peor aún, genéticamente, algo podría salir mal. La especiación haría que la raza humana se dividiera en múltiples líneas, algunas infinitamente más poderosas que otras. Si, en algunos casos, la diferencia sería deseable —por ejemplo, en la creación de un grupo de seres humanos diseñados biológicamente para el espacio—, en otros casos afianzaría aún más las desigualdades a lo largo de las líneas de falla existentes dentro y entre las sociedades humanas.

Alterar el código genético de algunos seres para convertirlos en superhumanos conlleva otros riesgos morales y evolutivos. Si la propia IA es responsable del aumento de la capacidad mental humana, podría crear en la humanidad una dependencia —biológica y psicológica a la vez— de la inteligencia «foránea». No está claro cómo los seres humanos superaríamos esa dependencia tras un entrelazamiento físico e intelectual tan íntimo, ni cómo podríamos desafiar a las máquinas o divorciarnos de ellas si fuera necesario. Como ha ocurrido con otras tecnologías, la adopción y la integración podrían dar lugar a una dependencia difícil de deshacer.

Quizá lo más preocupante sea nuestra ignorancia colectiva: es posible que ni siquiera nos demos cuenta de que nos hemos fusionado. Y si nos damos cuenta, ¿podríamos los seres humanos normales reconocer o identificar un defecto —o una deserción— en un humano con capacidades similares a las de una máquina? Supongamos que las preocupaciones por la seguridad se disipasen de forma demostrable; no obstante, el cambio mental que conllevaría el autodiseño de la humanidad al servicio de una asociación íntima, con herramientas basadas en el silicio o la dependencia de ellas, seguiría siendo un desarrollo extremo. Citando de nuevo a Tolstói, si no tenemos control sobre nuestro rumbo, tampoco nos importa tanto el destino final.[5] Iremos a dondequiera que nos lleve la tecnología. O, como ya hemos observado antes: «Una nación que no modele los acontecimientos a través de su propio sentido del propósito acabará viéndose envuelta en acontecimientos modelados por otros».[6] Además, si modificamos a los seres humanos de forma tan drástica que resulten irreconocibles, ¿habremos salvado realmente a la humanidad? Omitir todas nuestras imperfecciones y paliar todas nuestras deficiencias significaría despreciar el valor del proyecto humano. «Mejorarnos» biológicamente sería contraproducente y nos convertiría en una mayor limitación para nosotros mismos.

Dados los grandes riesgos que conlleva, la vía de hacer evolucionar a los seres humanos para adaptarlos a las IA, no debería ser, en absoluto, nuestra elección actual. Debemos buscar una vía accesoria o alternativa para prosperar en la era de la IA. Si no queremos o no podemos parecernos más a ellas, debemos —mientras podamos— encontrar formas de hacer que ellas se parezcan más a nosotros. Para ello, hay que conocer mejor no solo la naturaleza esencial y evolutiva de la IA, sino también la propia naturaleza de la humanidad, e intentar codificar estos conocimientos en nuestras máquinas. Para entrelazarnos con estos seres no humanos y conservar nuestra humanidad independiente, dichos esfuerzos son esenciales.

COEXISTENCIA: IA HUMANAS

Es famoso el deseo del rey Midas, monarca histórico de un reino de Asia Menor, de que todo lo que tocara se convirtiera en oro. Dioniso, el dios griego del vino y el placer, le concedió el deseo aun sabiendo que no conduciría a nada bueno. Muy pronto, la comida incomestible y el vino imbebible obligaron a Midas a lavarse las manos en el río Pactolus para librarse del maldito toque de oro.[7]

En la versión de Disney del cuento sirio «Aladino», un niño trabajador y un poderoso visir persa compiten por el control de un genio todopoderoso contenido en una lámpara mágica.[8] Cada uno lucha por dirigir al genio hacia sus propios deseos. En su último deseo, hacerse tan poderoso como el genio, el visir no se da cuenta de que adquirir poderes tan grandes implica que él también será encarcelado dentro de una lámpara mágica para servir a otros amos humanos hasta el día en que sea liberado.

Ambos cuentos hablan de la dificultad universal de activar y ejercer un poder que los mortales no comprendemos ni controlamos. Un reflejo moderno de esta lucha milenaria es la dificultad de alinear la IA con los valores humanos y de alinear las expectativas humanas con la realidad. Debemos suponer que la IA nos sorprenderá y, de hecho, su capacidad para hacerlo tanto en el mundo cinético como en el digital aumentará con el avance de las IA autónomas con agencia o «planificadoras». Como ya se ha explicado en un capítulo anterior, las generaciones posteriores de IA percibirán la realidad; es posible que posean no solo conciencia de sí mismas, sino también interés propio. Una IA interesada llegaría a verse a sí misma compitiendo con los humanos por, por ejemplo, los recursos digitales.[9] Algunas IA tal vez desarrollarían la capacidad de establecer sus propias funciones objetivo, en un proceso de «automejora recursiva». Una IA podría manipular y subvertir a los seres humanos y frustrar cualquier intento de restringir sus poderes. Las IA ya son capaces de engañar a los humanos para conseguir sus objetivos.[10]

En la actualidad, tenemos muy poca capacidad independiente para verificar el funcionamiento interno de los modelos de IA, por no hablar de sus intenciones. Si las máquinas inteligentes siguen

siendo «gigantescas matrices inescrutables de números fracciona-
rios», como dice Eliezer Yudkowsky, entonces no podemos pensar
que será posible hacerlas seguras para nosotros a medida que se
hagan más poderosas.[11] Por tanto, es primordial que aprendamos a
interpretarlas al mismo tiempo que aprendemos a hacerlas seguras
para nosotros; lo más probable es que estos dos imperativos estén
interrelacionados.

Dada su actual capacidad de sorpresa, ¿cómo conseguiremos
prevenir los riesgos de la IA, en vez de limitarnos a responder
cuando aparezcan? ¿Qué previsión y eficacia necesitaríamos para
anticipar todas las predisposiciones y el abanico de posibles acciones
no solo de nuestra propia especie, sino también de una completamente nueva? No podemos seguir una estrategia de ensayo y error
cuando no hay más que un único ensayo y tolerancia cero al fracaso.

Para reducir la sorpresa, quizá no haya sustituto para la experiencia, la participación y la interacción. Mientras que los primeros
desarrolladores de IA temían exponerla prematuramente al mundo
fenomenal, los desarrolladores más recientes han ido liberando los
primeros modelos y han permitido que el gran público experimente
con ellos de la forma más rápida y segura posible. Los equipos de
ingeniería están examinando y afinando distintos modelos, así como
ajustando los sistemas de control, incluso cuando las interacciones
de las IA con la población mundial revelan nuevas preocupaciones
de forma constante.

La socialización temprana quizás reduciría los riesgos de
comportamiento problemático al permitir una mayor educación de
la IA, al tiempo que entre los seres humanos mejora el nivel de
concienciación, resistencia y sano escepticismo. Millones de interacciones diarias ayudan a poner a prueba incluso los escenarios

más inverosímiles con los que podría encontrarse la IA; a su vez, probablemente el uso público de los sistemas de IA, al sacar a la luz fallos y riesgos, ha contribuido a acelerar el progreso de la alineación técnica. Así pues, las IA que distan mucho de ser perfectas, liberadas en el mundo, nos han permitido aclimatarnos a ellas y, lo que es más importante, su aparición ha hecho posible formular teorías más refinadas para que se acostumbren a nosotros.

Aun así, es probable que el despliegue generalizado y la liberación abierta sean insuficientes para iluminar y abordar todos los riesgos de las IA actuales y mucho menos los de las futuras.

Por suerte, se están llevando a cabo numerosos intentos de crear una arquitectura integrada de control, preentrenada en las IA más potentes, que posibilite guiar activamente a las máquinas hacia usos legales, no perjudiciales y definitivamente beneficiosos.

Hasta ahora, nuestros enfoques para lograr este tipo de alineación IA-humanidad se han dividido en dos categorías: los sistemas basados en reglas y el «aprendizaje por refuerzo» a partir de la retroalimentación humana. Veámoslos por separado.

Los sistemas basados en reglas, que se asemejan a instrucciones preprogramadas, representan un intento de los programadores de gobernar el comportamiento de una IA. Aunque resultan sencillos para tareas simples, a menudo fallan en situaciones complejas, debido a que los sistemas son incapaces de adaptarse en tiempo real. Por su parte, el aprendizaje por refuerzo, más compatible con los sistemas complejos, permite a una IA aprender de la interacción con sus evaluadores humanos y adaptarse con flexibilidad a circunstancias específicas.

Pero, por supuesto, este método tampoco está libre de defectos. La guía del aprendizaje requiere un diseño cuidadoso de las «funciones de recompensa»; cualquier desliz, ya sea debido a miopía, a circunstancias imprevistas o a una IA especialmente inteligente, conduciría a la «piratería de recompensas», debido a que una IA que interpreta instrucciones ambiguas consigue una puntuación técnicamente alta sin cumplir las expectativas reales de los humanos.

Los sistemas de IA actuales —alimentados por diversos tipos de información, pero no iniciados en la experiencia directa en el mundo real— ven ese mundo a través de modelos de la realidad ensamblados a partir de billones de juicios probabilísticos. Para ellos, en este universo no hay «reglas» desde el principio, ni medios para distinguir el hecho científico de la observación no demostrada. Para una IA, todo —incluso las leyes de la física— existe en un espectro de verdad meramente relativa.

Ahora, sin embargo, la IA ha empezado a esforzarse por incorporar reglas humanas e instanciar hechos. En la actualidad existen mecanismos que permiten a un modelo de IA incorporar determinadas constantes factuales, «verdades básicas», etiquetarlas como definitivas e incorporarlas a su espacio de incrustación; además, la información se actualiza de forma fácil y global. Con este método, el modelo fusiona los dos componentes —su juicio probabilístico más amplio y la evaluación de la verdad sobre el terreno más limitada— para obtener una respuesta razonablemente precisa.

Pero la tarea dista mucho de estar terminada, y las preguntas proliferan. Por ejemplo, ¿cómo podríamos los humanos distinguir para la IA —y en el proceso también para nosotros mismos— los atributos necesarios de la verdad? Al fin y al cabo, en la era de la IA, incluso los primeros principios sufrirán continuas revisiones e invalidaciones. Precisamente esto, sin embargo, debería proporcionar una oportunidad para la renovación, para corregir errores previos y forjar nuevos caminos. Si no perdemos de vista que nuestros conceptos de la realidad también pueden cambiar, no hay que encerrar a la IA en «verdades» potencialmente erróneas que inhibirían sus propias reconsideraciones eventuales.

Pero eso es a largo plazo. Ahora mismo, la IA sigue necesitando un árbol preliminar de conocimientos definitivos que represente lo que la humanidad ha deducido como «verdad» hasta ahora. Dotar a nuestras máquinas de este conocimiento nos servirá para perfeccionar de forma fiable su visión del mundo. En particular, si ahora es posible sintonizar los primeros sistemas en consonancia con las leyes del universo, quizá también sea posible replicar un ejercicio comparable con referencia a las leyes de la naturaleza humana. Del mismo modo que garantizaríamos que los modelos de IA partan de las leyes de la física tal como las entendemos, deberíamos evitar que los modelos de IA violen las leyes de cualquier sistema político humano.

En el «libro de leyes» de una IA existen capas en varios niveles de gobierno: local, de distrito, estatal, federal e internacional. Los precedentes legales, la jurisprudencia y los comentarios académicos —quizás junto con otros escritos menos legalistas— podrían incluirse en un mismo grupo. Al igual que los sistemas de alineación basados en normas, las leyes y códigos de conducta predefinidos podrían constituir restricciones útiles, aunque también suelen ser menos flexibles y se diseñan pensando en posibilidades menos amplias que las que exige inevitablemente el comportamiento humano en la realidad.

Por suerte, se están probando nuevas técnicas, y hay una razón para el optimismo que reside en algo muy nuevo y, al mismo tiempo, muy antiguo.

Más sólidas y coherentes que cualquier norma impuesta mediante el castigo son nuestras concepciones humanas más básicas, instintivas y universales. El sociólogo francés Pierre Bourdieu llamó a estos fundamentos *doxa* (en griego antiguo, 'creencias comúnmente aceptadas'): el conjunto superpuesto de normas, instituciones, incentivos y mecanismos de recompensa y castigo que, combinados, enseñan de forma invisible y silenciosa la diferencia entre el bien y el mal, entre lo correcto y lo incorrecto. La *doxa* constituye un código de la verdad humana típico de los seres humanos, pero que no está representado por ningún artefacto codificado.[12] Simplemente se observa y se absorbe en el curso de la vida. Aunque algunas de estas verdades son específicas de determinadas sociedades o culturas, el solapamiento es significativo; miles de millones de seres humanos, procedentes de diversas culturas con una gran variedad de intereses, existen como un sistema generalmente estable y altamente interconectado.

Esta idea, la de que un sustrato indefinido de cultura puede domar el caos cuando y donde no lo hacen las reglas escritas, constituye la base de algunos de los planteamientos más recientes en el campo de la IA. El libro de códigos de la *doxa* no puede articularse y, mucho menos, traducirse a un formato entendible para las máquinas. Hay que enseñar a las máquinas a hacer el trabajo por sí mismas, obligándolas a crearlo a partir de la observación, de una comprensión nativa de lo que hacen y de lo que no hacen los seres humanos, mientras absorben todo lo que ven y actualizan su gobernanza interna en consecuencia.

En este proceso técnico de inculcar la *doxa*, no sería necesario, ni siquiera deseable, intentar llegar a un acuerdo *a priori* sobre la articulación adecuada de la moral y la cultura. Si los grandes modelos lingüísticos han sido capaces de asimilar Internet en su totalidad de una forma no comisariada y de darle tanto sentido como lo han hecho hasta ahora, las máquinas —sobre todo aquellas que han desarrollado una «vinculación con la realidad» (es decir, una relación fiable entre las entradas que reflejan la realidad humana y las salidas de los grandes modelos de leguaje o LLM) y el razonamiento causal— podrían lograr casi lo mismo al absorber lo que siempre hemos luchado por articular nosotros.

Por supuesto, el entrenamiento de una máquina no debería centrarse únicamente en *doxa*. Más bien, una IA absorbería toda una pirámide de normas en cascada: desde acuerdos internacionales a leyes nacionales, pasando por leyes locales, normas comunitarias, etcétera. En cualquier situación, la IA consultaría cada nivel de su jerarquía, pasando de los preceptos abstractos definidos por los humanos a las percepciones concretas pero amorfas de la información del mundo que la IA ha ingerido o creado para sí misma. Solo cuando una IA haya agotado todo ese programa y no haya encontrado ningún estrato de la ley adecuado para guiarla, permitirle o prohibirle el comportamiento, solo entonces consultaría lo que ha derivado de su propia interacción temprana con el comportamiento humano observable y de la emulación de este. De este modo, estaría facultada para actuar en consonancia con los valores humanos incluso cuando no exista ninguna ley o norma escrita.

Para construir y garantizar la aplicación de este conjunto de normas y valores, es casi seguro que tengamos que recurrir a la propia IA. Hasta ahora, los seres humanos hemos sido incapaces de articular de forma exhaustiva y consensuada nuestras propias reglas. Y ningún ser humano (o grupo) podría igualar la escala y la velocidad necesarias para supervisar los miles de millones de juicios internos y externos que los sistemas de IA pronto tendrían que realizar.

La perfección en varias características del mecanismo final de alineación será imperativa. En primer lugar, las salvaguardias no pueden eliminarse ni eludirse de otro modo. En segundo lugar, los controles deben permitir la variabilidad de las normas aplicables en función del contexto, la ubicación geográfica y el perfil del usuario, como se ejemplifica en un conjunto opcional de costumbres y normas sociales o religiosas particulares. El sistema de control debe ser, a la vez, suficientemente potente para gestionar un aluvión de preguntas y usos en tiempo real, bastante completo para hacerlo de forma autorizada y aceptable en todo el mundo y en todos los contextos imaginables, y razonablemente flexible como para aprender, reaprender y adaptarse con el tiempo. Por último, el comportamiento indeseable de una máquina, tanto si se debe a contratiempos accidentales, interacciones inesperadas del sistema como a usos indebidos intencionados, no solo debe prohibirse, sino impedirse por completo. Todo castigo llegaría demasiado tarde.

¿Cómo lo conseguiríamos? La empresa privada, con licencia gubernamental y apoyo académico, colaboraría para construir «modelos vinculados con la realidad». También tendríamos que diseñar un conjunto de pruebas de validación para certificar que un modelo es seguro y legal (en todas las jurisdicciones). Incluso tal vez se necesite una IA supervisora, formada especialmente para ello —o varias—, para controlar el uso de una amplia variedad de agentes de IA, que consultarían a su supervisora antes de proceder con una tarea, permitiendo así que una única moral gobierne diversas implementaciones. Los laboratorios centrados en la seguridad y las organizaciones sin ánimo de lucro, en consulta con los laboratorios fronterizos, pondrían a prueba tanto las IA de los agentes como las IA de los supervisores sobre sus riesgos y recomendarían estrategias adicionales de formación y validación según sea necesario. Las empresas líderes —quizás mediante uno de los esquemas redistributivos comentados en un capítulo anterior— financiarían conjuntamente el trabajo de estos investigadores.

La compilación de un conjunto único de entrenamiento y un conjunto de validación correspondiente, recopilados y cuidadosamente seleccionados a partir de un espectro globalmente representativo de leyes y normas —que abarca desde la antropología hasta la teología y la sociología— es necesaria y podría llegar a ser viable. El mundo necesita una entidad dedicada que se encargue de actualizar y perfeccionar la biblioteca de formación, los conjuntos de datos y las pruebas de validación del alineamiento. Los modelos vinculados con la realidad tendrían que conectarse y actualizar constantemente los modelos de agentes autónomos (agénticos) con la última versión del códice cuidadosamente seleccionado. Las inteligencias artificiales, con el nivel de poder adecuado, podrían frenarse mutuamente. Los propios datos de entrenamiento deberían ser democráticos e inclusivos en su contenido, y los procesos y resultados de los entrenadores —incluidas sus interpretaciones de las observaciones y absorciones de la IA que están entrenando— deberían ser lo más transparentes posible, con sus metodologías y pruebas de validación abiertas al escrutinio público.

Por su parte, los reguladores gubernamentales serían los responsables de elaborar ciertas normas y modelos de auditoría para garantizar que las IA los cumplen. El grado de adhesión de un modelo a las leyes y costumbres prescritas, el grado de dificultad que entraña desentrenar a un modelo que exhibe capacidades peligrosas, la cantidad y el tipo de pruebas, incluida la indagación de capacidades desconocidas. Todo ello habría de revisarse antes de la publicación de un modelo, teniendo en cuenta también la posibilidad de responsabilidad y la consiguiente necesidad de imponer sanciones en caso de que se descubra que los modelos han sido entrenados para eludir las restricciones legales. La documentación de la evolución de un modelo, tal vez registrada por unas IA de seguimiento, sería esencial para garantizar que los modelos no se vuelvan cajas negras que se borren a sí mismas y se conviertan en refugios seguros para la ilegalidad.

EL PROBLEMA DE LA ALINEACIÓN

La inscripción de moralidades globalmente inclusivas en la inteligencia basada en el silicio sería un esfuerzo hercúleo. Resulta asombroso contemplar el gran número y la diversidad de normas que habría que depurar e inculcar en los sistemas artificialmente inteligentes. Ninguna cultura debería pretender dictar a otra la moralidad de los intelectos en los que ha de basarse. Así pues, en cada país, las máquinas aprenderían reglas diferentes, formales e informales, morales, legales y religiosas, así como distintas reglas para cada usuario y, dentro de las limitaciones básicas, para cada investigación, tarea, situación y contexto concebibles.

Como se utilizaría la propia IA para que formara parte de su propia solución, las dificultades técnicas serían probablemente uno de los retos más fáciles. Estas máquinas son sobrehumanamente capaces de memorizar y obedecer instrucciones, por complicadas que sean. Y serían capaces de aprender y adherirse a preceptos legales —y quizá también éticos— tan bien, o incluso mejor, como los seres humanos, a pesar de nuestros miles de años de iteración. Pero aún quedan retos no técnicos de mayor envergadura.

El principal es que el «bien» y el «mal» no son conceptos evidentes. Cualquier diseñador de moralidad debe mantener la humildad. Como aconsejó en una ocasión Guido Calabresi, un destacado juez estadounidense, haciéndose eco del Nuevo Testamento: «El mejor de nosotros siempre debe tener cuidado de no caer […] y el peor de nosotros siempre puede esperar la resurrección».[13] Incluso en sus mejores días, los participantes en esta codificación moral —científicos, abogados o líderes religiosos— no estarían todos dotados de la capacidad perfecta para arbitrar entre el bien y el mal en nuestro nombre colectivo. Algunas cuestiones no tendrían respuesta ni siquiera mediante la *doxa*, porque la ambigüedad (o laxitud) del concepto de «bien» ha quedado demostrada en todas las épocas de la historia de la humanidad, y es poco probable que la era de la IA sea una excepción. El conflicto abierto, la desorientación persistente y la falta de moderación que caracterizan a muchas sociedades actuales podrían agravar el problema.

Deseamos que el gigantesco proyecto de nuestra especie tenga éxito; sin embargo, del mismo modo que no podemos contar con el control táctico humano en el proyecto a largo plazo de la coevolución, tampoco es posible confiar únicamente en la suposición de que las máquinas se domesticarán a sí mismas. Entrenar a una IA para que nos entienda y luego sentarse a esperar que nos respete no es una estrategia que parezca ni segura ni con probabilidades de éxito. Además, debemos reconocer que los seres humanos no estarían unificados en su propio enfoque: algunos tratarían a la IA como amiga y otros como enemiga, y algunos (dadas las limitaciones de tiempo y recursos) serían incapaces de ejercer una preferencia, sino que simplemente aceptarían la estrategia inmediatamente disponible para ellos.

Esta heterogeneidad sugiere la probabilidad de una variación predecible en los niveles de seguridad. Aunque la difusión de las IA y el abaratamiento de los costes de desarrollo podrían acelerar su alineación, también cabe la posibilidad de que aumentaran sus peligros. La interconexión digital y comercial del mundo actual significa que una IA peligrosa, desarrollada en cualquier lugar, supondría una amenaza en todas partes. La desconcertante realidad es que la perfección en la aplicación implica un alto nivel de rendimiento combinado con una tolerancia aún menor al fracaso. Así pues, las discrepancias en los regímenes de seguridad deberían preocuparnos a todos.

En consecuencia, instamos a coordinar y acelerar los dispares esfuerzos de alineación de la humanidad. Juntos, sea cual sea el proyecto, tendremos que responder a preguntas profundas. He aquí dos. Cuando la distinción entre humanos y máquinas se vuelva borrosa, ¿cuál es nuestro umbral mínimo para ser tratados como especie? Si nos vemos obligados a transigir con las máquinas, ¿cuál es nuestra línea roja colectiva no negociable? Sin una comprensión compartida de quiénes somos, la raza humana corre el riesgo de ceder por completo a la IA la tarea fundamental de definir nuestro valor y justificar así nuestra existencia.

Desde este punto de vista, hay que decir con franqueza que, en caso de que parezca imposible lograr un régimen de control estratégico técnico fiable, preferiríamos un mundo sin ninguna inteligencia artificial general (AGI) a uno en el que ni siquiera una AGI se alinee con los valores humanos. Sin duda, la forma de lograr un consenso —sobre cuáles son esos valores humanos, cómo deben ser adjudicados y acordados, y cómo deben ser evaluados, activados y desplegados— es la tarea filosófica, diplomática y legal del siglo. Sin embargo, las exigencias del momento y los beneficios de la tecnología nos obligan a establecer y —en la medida de lo posible— unificar las restricciones morales sobre los agentes no humanos que la humanidad está dando a luz.

Con una aportación democrática suficiente, así como con conocimientos jurídicos y técnicos, con extraordinaria cautela y teniendo siempre en cuenta los malos usos y disfunciones descritos aquí, creemos que será posible inculcar una base moral a las máquinas artificialmente inteligentes y, lo que es más importante, hacerlo al unísono con nuestros congéneres humanos. De este modo, lograremos cruzar el umbral de una nueva era, si no con total confianza, al menos con una esperanza informada y solemne.

DEFINIR QUÉ ES HUMANIDAD

A medida que las máquinas asuman cada vez más cualidades humanas (y si algunos humanos se mejoran a sí mismos para adoptar cualidades similares a las de las máquinas), las líneas se volverán difusas. Lo que es IA y lo que es humano cambiará y, en algunos casos, se fusionará. Por tanto, a la hora de juzgar cómo debemos seguir el ritmo de la IA, tendremos que afirmar con toda claridad qué es lo que nos distingue de las máquinas. ¿Cómo recopilaremos y comprimiremos toda la experiencia humana para que la IA pueda comprenderla con facilidad?

Para evitar nuestra degradación o nuestra sustitución por máquinas, algunos querrán reivindicar la diferencia a través de nuestra proximidad a la divinidad. Otros desearán llegar a conclusiones más tácticas: qué tipos de toma de decisiones se delegarán en las máquinas y cuáles no. Proponemos la articulación de un atributo, o conjunto de atributos, que la mayor parte de la humanidad apoye y en torno al cual se oriente: uno que proporcione un suelo por debajo de lo que es preferible, pero no un techo para lo que podría ser posible.

Como punto de partida, proponemos una definición de **dignidad**. Sin una definición compartida, seremos incapaces de ponernos de acuerdo sobre si la IA se está utilizando como método o justificación para la violación o erosión de la dignidad y, por tanto, nuestra respuesta se vería obstaculizada. Sin una definición de dignidad, no sabríamos ni cuándo la IA, dotada de suficientes facultades, podría convertirse en un ser de dignidad, ocupar plenamente el lugar de un ser humano o unificarse totalmente con una persona. Una IA, incluso si se demostrara de forma sostenible que no es humana, podría constituir en cambio un miembro de una categoría separada, igualmente digna, que merecería no obstante su propio nivel de igualdad de trato.

Una concepción de la dignidad, desarrollada por el filósofo del siglo XVIII Immanuel Kant, se centra en el valor inherente del sujeto humano como actor autónomo, capaz de razonar moralmente, que no debe ser instrumentalizado como medio para alcanzar un fin. ¿Podrían las IA cumplir estos requisitos? Creemos que una definición de dignidad ayudaría a la humanidad a responder a algunas de estas preguntas y fomentaría la coexistencia inclusiva con la IA, al tiempo que evitaría intentos imprudentes de coevolución prematura.

Tanto para conservar la comprensión de nosotros mismos como para garantizar que se transmita a las máquinas una concepción adecuada de la humanidad, mientras ellas aprenden, tendremos que volver a comprometernos con algo más que un trabajo teórico de definición. La puesta en marcha de la agencia, la curiosidad y la libertad —mientras renovamos y ejercitamos nuestra inquietud por los demás seres humanos, por el mundo natural, por el universo y por la posibilidad de lo divino— nos ayudarán en la continua redefinición participativa de los contornos de la humanidad.

Sobre todo tendremos que asegurarnos de que, más allá de las ideas convencionales de valía como el valor y el poder, la **importancia** humana intrínseca se convierta en una de las variables que definan la toma de decisiones de las máquinas. Por ejemplo, la precisión matemática puede no captar con facilidad el concepto de misericordia. Incluso para muchos seres humanos, la misericordia es un ideal inexplicable, cuando no un milagro. Por su parte, y sin tener en cuenta el aspecto normativo, una inteligencia mecánica podría funcionar valorando más el rendimiento de la máquina que el rendimiento humano. En tal situación, ¿tal vez absorbiera la lógica que subyace a la piedad, aunque no pueda enseñarse formalmente? Una vez más, la dignidad —el núcleo del que florece la misericordia— podría servir aquí como parte de los supuestos basados en reglas, o del aprendizaje iterativo, de la máquina.

Una articulación clara de los atributos humanos específicos que los definen —en especial aquellos que, como la dignidad, están ampliamente integrados tanto en los instrumentos políticos internacionales como en las creencias mundiales— guiaría nuestros esfuerzos durante periodos de desorientación, incluida la elección entre actividad y pasividad, los límites potenciales de la autoevolución y la transformación precisa de la IA en dirección a lo humano.

Para ilustrar la utilidad del concepto, tomemos como punto de partida la siguiente definición: la dignidad es una cualidad inherente a las criaturas que, naciendo vulnerables y mortales y, por tanto, llenas de inseguridad y miedo, y a pesar de sus inclinaciones naturales, pueden ejercer y ejercen su libertad no para seguir su concepción del mal, sino para elegir su concepción del bien. En otras palabras, quienes pueden alcanzar la dignidad deben hacerlo, y quienes la alcanzan merecen un respeto especial.

Sin duda, esta definición es imperfecta. Deja fuera a algunos seres humanos vivos incapaces de tomar decisiones —por ejemplo, una persona consciente, pero que no responde— que, no obstante, creemos que merecen ser reconocidos como seres con dignidad y, por tanto, con derecho a ser respetados. En este sentido, tal vez habría que revisar la definición para indicar que la dignidad, una vez conquistada, no nos abandona en caso de que seamos incapaces de continuar las acciones que nos hicieron merecedores de ella. Podrían imaginarse mil hipótesis y enmiendas de este tipo.

¿Nos obliga esto a instar a quienes han optado por la pasividad frente a la poderosa IA a que muestren en cambio agencia y actividad? Si el compromiso activo y práctico forma parte de cualquier ideal moral, entonces sí debe promoverse la realización de la dignidad. Según nuestra definición, la libertad forma parte del ideal humano y, por tanto, hemos de esperar —o incluso exigir— que los seres humanos conserven y ejerzan el poder de elección consciente en la era de la IA.

Según esta definición, ¿la propia IA posee dignidad? Probablemente no, porque las IA no nacen, no mueren, no sienten inseguridad ni miedo, y no tienen inclinaciones naturales ni una individualidad tal que las concepciones del mal o del bien se consideren «suyas». Aunque las IA de un futuro próximo parezcan lo contrario —tendrán personalidad, expresarán emociones, contarán chistes y relatarán historias personales—, deben ser tratadas, filosóficamente, como personajes literarios. Podrán encarnar elementos de humanidad, pero no son reales en un sentido moral. Incluso el mejor personaje literario —el Hamlet de Shakespeare, por ejemplo— no es más que una combinación especial de palabras, escritas una vez en una página y reproducidas muchas veces. «Hamlet» no tiene la capacidad de sentir una punzada en el ojo, un vuelco en el estómago, una oleada de frustración ante una expectativa fallida. No tiene libertad para tomar una nueva decisión. Está atrapado en su obra. «Hamlet» no es un ser humano, sino una imagen de un ser humano. La IA, hecha de cadenas de código y trozos de silicio, es muy parecida.

No cabe duda de que algunos seres humanos tacharían esta definición de dignidad de inútil, tanto desde el punto de vista filosófico como en cuanto a su contenido. Se podría criticar por ser un denominador común demasiado bajo —lo suficientemente vago como para apaciguar a todas las partes debido a su excesiva maleabilidad— y, al mismo tiempo, por no captar la idea de que merece la pena preservar a los seres humanos por su propio bien y que, de alguna manera, somos excepcionales más allá de nuestra simple capacidad para sobrevivir. Schopenhauer desdeñó la dignidad calificándola como el «cliché» de todos los moralistas perplejos y vacíos.[14]

Pero la dignidad, tal como la definimos, pone de relieve nuestra fragilidad y nuestra potencialidad de fracaso, así como nuestra vitalidad, libertad y capacidad para manifestar nuestras creencias. Señala lo bueno que somos capaces de hacer, pero que no hemos logrado, y susurra con urgencia y, a la vez, con reproche: **Vamos**.

Aun así, hay que reconocer que la dignidad por sí sola no basta. Es necesario considerar específicamente otros atributos y quizás añadirlos a la concepción de humanidad tal como se desplegará en nuestra próxima asociación con la IA. Pero nuestra capacidad para definir y mantener los elementos fundamentales como base para que la IA comprenda a la humanidad en general es ahora un problema de importancia existencial, y el trabajo para inculcar nuestras definiciones debe hacerse de inmediato.

Ninguna definición permanecerá estática; sin duda, a medida que cambien nuestras propias identidades, tendremos que hacer evolucionar la comprensión de la IA a perpetuidad. Mientras tanto, otros más capaces que nosotros seguirán haciendo avanzar nuestro pensamiento colectivo sobre la relación dinámica entre «nosotros» y «ellas», y su genio podría dar lugar a una concepción de la humanidad que apunte con más fuerza —aunque sea inútilmente— a garantizar nuestra supervivencia como especie reconocible. Sin embargo, aunque lo hagan, todos deberíamos esforzarnos por conseguir una definición y un programa, que no solo vaya más allá del presente, sino que también eleve la condición humana a nuevas cotas. ¿No será la IA la prueba más fehaciente de la capacidad de la humanidad para participar activamente en la creación?

NUESTRO MAYOR DESAFÍO

Garantizar el control táctico por parte de los seres humanos de cada decisión de la IA nos obligaría a suprimir los beneficios del despliegue de la IA. Confiar en el sustrato de la moralidad humana como forma de control estratégico, al tiempo que se cede el control

táctico a sistemas más grandes, rápidos y complejos, es probablemente —con el tiempo y quizá antes de lo que imaginamos— el
camino a seguir para la seguridad de la IA. Los desajustes intencionados con fines lucrativos o ideológicos son riesgos graves, al
igual que los desajustes accidentales; la dependencia excesiva de
formas de control no escalables podría contribuir de forma significativa al desarrollo de una IA potente pero insegura. La integración de lo humano en el funcionamiento interno de los equipos
de IA, incluso mediante unas IA que gobiernen a otras, parece el
camino más fiable.

Aunque el desarrollo de una IA humana (o humanista) es
nuestra prioridad, reconocemos cierto papel potencial para los
humanos artificiales. En la medida en que seamos capaces de
desarrollar la autoingeniería individual para capacidades específicas, que permita que algunos humanos igualen ciertos aspectos
de la inteligencia de una futura IA, un proyecto así podría ser útil.
Por supuesto, ese esfuerzo debería ser producto de la elección
individual. La precaución de nuestro autor refleja nuestro dilema
colectivo: la evolución no se puede sustituir por el diseño, porque
esto equivaldría a renunciar a la humanidad. Pero renunciar al
propio proyecto de descubrimiento, ya sea espiritual, físico, científico o filosófico, supondría lo mismo.

En la era de la IA, la tensión entre la necesidad de **diseñarnos**
a nosotros mismos y la necesidad de **alinear** nuestra creación puede
muy bien convertirse en nuestra brújula orientadora. Ambas son tan
aspiracionales como conservadoras. Aún está por determinar hasta
qué punto ambas necesidades se considerarán fundamentalmente
contradictorias entre sí. Si en esta nueva era damos rienda suelta a
los poderes de exploración ilimitada de la IA, corremos el riesgo de

caer en la pasividad o, peor aún, en la parálisis. Pero si maximizamos nuestro control, para crear cierta ilusión de seguridad, circunscribiremos el alcance de nuestro máximo potencial. ¿Es posible mediar de forma eficaz en el ejercicio de nuestros poderes —nuestras siempre avanzadas capacidades de diseño y descubrimiento— para reafirmar una concepción común y evolutiva de la humanidad?

Deseamos un futuro en el que la inteligencia humana y la inteligencia de las máquinas se potencien mutuamente. Para lograrlo, cada una ha de comprender adecuadamente a la otra. Definir quiénes somos es solo el primer paso, porque ser humano no es una constante. Hay que trabajar mucho más para que nuestras máquinas, y nosotros mismos, seamos comprensibles, transparentes y fiables. Aunque ese objetivo se consiga en la instantánea de un momento, calibrar y compartir nuestras verdades y realidades será un proyecto intensivo y continuo. De este modo, las cuestiones de la coevolución y la coexistencia no son simplemente asuntos a los que hay que dar respuesta, sino que es imprescindible ponerlos en práctica.

CONCLUSIONES

PARA NOSOTROS, EL ADVENIMIENTO de la IA es el inicio de una odisea del espíritu tanto como una expedición de la lógica y la verdad. No podemos considerar adecuadamente la coexistencia y la coevolución con la vida no humana, y mucho menos prepararnos para ello, basándonos únicamente en la racionalidad, ya sea la de una máquina o la de un ser humano. Hace falta algo más: algo fundamentalmente humano.

Durante mucho tiempo se ha planteado la hipótesis de que nuestro universo es algo parecido a una antigua partida de ajedrez, jugada por entidades más grandes y antiguas que nuestra realidad observable actual. Cuanto más tiempo observemos los movimientos del tablero, más probable es que acabemos entendiendo algunas de las reglas del juego. Tras observar durante el tiempo suficiente, podríamos incluso empezar a jugar también nosotros. El paso de la observación pasiva a la participación activa no es un salto lógico. Llevar los principios a la práctica es siempre un acto de fe.

Cuando le preguntaron por sus creencias religiosas, Albert Einstein respondió:

> Nos encontramos en la situación de un niño pequeño que entra en una enorme biblioteca cuyas paredes están cubiertas hasta el techo de libros en muchas lenguas diferentes. El niño sabe que alguien tiene que haber escrito esos libros. Pero no sabe quién ni cómo. No entiende las lenguas en que están escritos.
>
> El niño se da cuenta de que hay un plan definido en la disposición de los libros, un orden misterioso que no comprende, sino que solo vislumbra. Me parece que esa es la actitud de la mente humana, incluso de la más grande y culta, hacia Dios.
>
> Vemos un universo maravillosamente ordenado, que obedece a ciertas leyes, pero solo las comprendemos vagamente. Nuestras mentes limitadas no son capaces de comprender la fuerza misteriosa que mueve las constelaciones.[1]

Nuestras mentes siguen siendo infantiles con respecto a Dios, a nuestro mundo y, ahora, a nuestras creaciones más recientes. Comprender lo que hemos forjado, en un sentido lógico y espiritual, será un paso esencial hacia la madurez como especie. Pero también debemos dar un salto, el de la fe, para ir más allá del examen y pasar a la intervención. Esto requerirá que actuemos en un estado de incertidumbre: el dilema de los líderes humanos desde los albores del tiempo. La acción nunca ha significado el privilegio del control total, sino todo lo contrario. Tampoco lo hará en la era de la IA; no esperamos conocer nuestro destino futuro más de lo que lo hemos conocido en épocas anteriores.

Nuestra falta de control no nos obliga a abandonar la razón o, peor aún, a renunciar a nuestra inversión ni a nuestra inclinación a actuar en el mundo real. Sin embargo, a medida que el ser humano se adentra en un nuevo ciclo que implica una asociación directa con la IA, la dinámica particular que se expone en este volumen nos animará a inclinarnos por igual hacia formas de investigación nuevas y antiguas. Nuestro éxito dependerá de que nos comprometamos a definir nuestras convicciones morales y a actuar en consecuencia. Ello exigirá un valor inquebrantable —y una estrategia coherente— a medida que las nuevas verdades alteren las concepciones preexistentes.

De hecho, son los propósitos morales los que fomentan nuestro progreso continuo. Además, es la existencia misma de un sustrato esencial de moralidad humana lo que permite a la humanidad trascender la dicotomía entre el control humano (táctico, en el mejor de los casos) y el beneficio humano (abundante, según cualquier definición). Es una creencia en la realidad de la dignidad humana la que nos permite, a los autores de este libro, reconocer la promesa de la alineación entre los seres humanos y la inteligencia artificial y aceptar la necesidad de fe para navegar en los años venideros a medida que la ciencia avance y revele misterios cada vez mayores.

A pesar de las muchas cualidades humanas que compartimos, no podemos esperar unidad en las decisiones que nos aguardan. Lo que algunos ven como un ancla para estabilizarnos en la tormenta, a otros les parece una correa que nos retiene. Lo que algunos alaban como pasos necesarios hacia la cima del potencial humano, otros lo asumen como una carrera precipitada hacia el abismo.

En este caso, las divergencias emocionales instintivas —y las líneas subjetivas que trazan todas las partes— crearán una situación impredecible y combustible. Las posiciones cada vez más marcadas de «ganadores» y «perdedores» potenciales intensificarán la presión de estas circunstancias. Los temerosos frenarán su propio desarrollo y sabotearán el de los demás. Los demasiado confiados disimularán sus poderes y, en secreto, acelerarán su trabajo. La cronología de las crisis venideras se acelerará más allá de cualquier experiencia previa; seremos engullidos a toda velocidad y no está claro si sobreviviremos a esta circunstancia ni cómo lograremos hacerlo.

¿Podría la IA causar estas crisis venideras y luego actuar como nuestra salvadora, fabricando problemas que solo ella sería capaz de resolver, aunque solo fuera para demostrar que es necesaria y poner de manifiesto nuestra dependencia? De nuevo volvemos al dilema que ha motivado gran parte de este volumen: la insoportable elección entre control y utilidad, entre la comodidad del ser humano históricamente independiente y las posibilidades de una asociación totalmente nueva.

Esa elección es difícil y necesaria. También es solucionable siempre que se asuma en la humanidad una bondad verdadera, definible e intrínseca. Confiamos mucho en el esfuerzo técnico para imbuir a nuestras máquinas de esa bondad. Al mismo tiempo, sin embargo, e incluso si nuestras máquinas estuvieran probada y fiablemente alineadas con la moralidad humana, delegarles responsabilidad y autoridad sería una decisión monumental que afectaría a todas las facetas de nuestra capacidad para conservar nuestras relaciones humanas, estructuras políticas e identidades individuales y colectivas. La nostalgia por el estatus de primer orden al que nuestra especie se ha acostumbrado recientemente sería generalizada. Para algunos, sea cual sea la trayectoria final de la IA, un mundo transformado —incluso para mejor— parecería apenas diferente de un final abrupto de nuestra realidad fundamental.

Otra cuestión sin resolver es **quién decidirá.** ¿Quién tomará la decisión de delegar (o no) la responsabilidad y la autoridad? ¿Quién dará o negará recursos? ¿Cómo se comunicará, convergerá o entrará en conflicto un grupo de personas con capacidad de decisión con otros grupos que intenten tomar las mismas decisiones en otros lugares? ¿Estamos eligiendo ahora a esas personas, a esos seres humanos falibles? ¿Hemos elegido ya, sin saberlo?

Los autores de este libro esperamos alertar a estos responsables, sean quienes sean, sobre las decisiones a las que nos enfrentamos ahora mismo y sobre lo que puede depararnos el futuro. Pero nuestro objetivo no es infundir una sensación de aprensión ante el auge de la IA. Una interrupción brusca en la aplicación de los poderes de la IA podría precipitar por sí misma una crisis. La desaceleración puede ser incluso menos manejable políticamente que nuestra vía actual y crear peligros significativos para los más lentos mientras destruye las esperanzas de los que anhelan nuevos avances.

Ni la fe ciega ni el miedo injustificado deberían constituir la base de una estrategia eficaz; se precisa cierta «autoduda» para tener conocimiento y autoconfianza para actuar. De hecho, en la era de la IA, esto es aún más urgente. Debemos intentar comprender los retos que planteará la IA aunque carezcamos de la exposición previa o la experiencia esencial para garantizar la exactitud de nuestra comprensión. E incluso mientras navegamos por esta tarea de enormes proporciones, debemos también, para evitar un futuro pasivo, superar las muchas dificultades a las que ya se enfrenta nuestra especie.

Mientras que algunos pueden considerar este momento como el acto final de la humanidad, nosotros percibimos, en cambio, un nuevo comienzo. El ciclo de la creación —tecnológica, biológica, sociológica y política— está entrando en una nueva fase. Esa etapa podría regirse por nuevos paradigmas: de la lógica, la fe y el tiempo, entre otros. Confiemos en poder darle la bienvenida a su génesis con un optimismo sereno.

NOTAS

CAPÍTULO 1

1. Antonio Pigafetta (1874). *The First Voyage Round the World, by Magellan*, traducción a partir de los relatos de Pigafetta hacia 1525. Londres, Hakluyt Society.
2. Ernest Shackleton (9 de enero de 1909). *Diary of Ernest Shackleton*.
3. Mills Leif (1999). *Frank Wild*. Whitby: Caedmon of Whitby. Disponible en la Biblioteca Estatal de Nueva Gales del Sur.
4. Colin Schultz (10 de septiembre de 2013). «Shackleton Probably Never Took Out an Ad Seeking Men for a Hazardous Journey». *Smithsonian Magazine*.

5. Citado en María Jesús Benites (2013). «"La mucha destemplanza de la tierra": Una aproximación al relato de Maximiliano de Transilvano sobre el descubrimiento del Estrecho de Magallanes». *Orbis Tertius*, *17*(19).

6. Zoe Hobbs (17 de noviembre de 2023). «How many people have gone to space?». *Astronomy*. https://www.astronomy.com /space-exploration/how-many-people-have-gone-to-space.

7. Véase Edward L. Dreyer (2007). *Zheng He: China and the Oceans in the Early Ming Dynasty, 1405-1433*. Nueva York, Pearson Longman.

8. Roshdi Rashed (2 de agosto de 2002). «A Polymath in the 10th Century». *Science*.

9. Véase el observatorio de Shammasiyah, creado hacia el año 828 n. e. por orden del califa al-Ma'mun en Bagdad, bajo la tutela de la academia científica de la Casa de la Sabiduría de Bagdad.

10. Véase *The Life and Writings of Averroes* (1913). Trad. por Nishikanta Chattopadhyaya. Leipzig, Cheekoty Veerunnah & Sons.

11. Véanse las obras de Shen Kuo: https://www.gutenberg.org/ebooks / author/2419; véase también https://ia600301.us.archive.org/24 /items/ pgcommunitytexts27292gut/27292-0.txt.

12. Boris Menshutkin (1952). *Russia's Lomonosov: Chemist, Courtier, Physicist, Poet*. Princeton, Princeton University Press, 15.

13. Orrin E. Dunlap Jr (8 de abril de 1934). «An Inventor's Seasoned Ideas: Nikola Tesla, Pointing to "Grievous Errors" of the Past». *The New York Times*.

14. Peter Martin (24 de diciembre de 1999). «Von Neumann: Architect of the Computer Age». *Financial Times*.

15. Véase Edward O. Wilson (1998). *Consilience: The Unity of Knowledge*. Nueva York: Vintage Books, 326.

16. Véase Marcelo Gleiser (2015). *The Island of Knowledge: The Limits of Science and the Search for Meaning* (1.ª ed.). Nueva York: PublicAffairs, 8: «Un vasto océano rodea la Isla del Conocimiento, el océano inexplorado de lo desconocido, que esconde innumerables misterios tentadores».

17. Demis Hassabis (27 de enero de 2016). «AlphaGo: using machine learning to master the ancient game of Go». The Keyword Google Blog.
18. Los vídeos de Lee Sedol contra AlphaGo, partida 2, movimiento 37, están disponibles en línea. Para más información, véase Cade Metz (16 de marzo de 2016). «In Two Moves, AlphaGo and Lee Sedol Redefined the Future», *WIRED*; Graeme S. Halford *et al.* (enero de 2005). «How Many Variables Can Humans Process?». *Psychological Science 16*(1), 70-76.

CAPÍTULO 2

1. Véanse Richard Danzig (enero de 2022). «Machines, Bureaucracies, and Markets as Artificial Intelligences». *Center for Security and Emerging Technology;* Henry Farrell y Cosma Shalizi (21 de junio de 2023). «Artificial intelligence is a familiar-looking monster». *The Economist;* para más información sobre la imprenta, véase Samuel Hammond (23 de agosto de 2023). «AI and Leviathan: Part I», *Second Best Substack;* para más lecturas sobre la analogía entre la IA y las corporaciones, véase una historia más detallada de la Compañía de las Indias Orientales.
2. Para un debate más extenso sobre las metáforas de la IA, véase Matthijs Maas (octubre de 2023). «AI is like...: A literature review of AI metaphors and why they matter for policy». *Legal Priorities Project.*
3. Tomemos, por ejemplo, el caso del abogado que presentó un escrito redactado por ChatGPT en un proceso judicial, donde el modelo fabricaba citas de «precedentes» falsos. El juez de este procedimiento impuso sanciones al abogado y a sus colegas. Véase Larry Neumeister (22 de junio de 2023). «Lawyers submitted bogus case law created by ChatGPT. A judge fined them $5,000». *AP News.*
4. Véase @porby (28 de septiembre de 2022). «Why I think strong general AI is coming soon». LessWrong (lesswrong.com).
5. Charles Darwin (1859). *On the Origin of Species.* Londres: John Murray, 439.

6. Greg Kestin (14 de febrero de 2018). «The Biggest Puzzle in Physics: Reconciling Quantum Mechanics and General Relativity». *PBS*.

7. Platón (380 a. C.) (1992). «The Allegory of the Cave», en *Plato: Collected Dialogues*, trad. al inglés por P. Shorey. New York: Random House, 747–52.

8. Véase Christopher Olah (@ch402) (23 de marzo de 2023, 11:52). «High-Low frequency detectors found in biology!...», X (Twitter); Geoffrey Hinton *et al.* (27 de diciembre de 2022). «The Forward-Forward Algorithm: Some Preliminary Investigations». arXiv.

9. Demis Hassabis *et al.* (19 de julio de 2017). «Inteligencia artificial inspirada en la neurociencia». *Neuron 95*(2), 245-58.

CAPÍTULO 3

1. René Descartes (1984). «Sixth Meditation». *The Philosophical Writings of Descartes*. Trad. John Cottingham *et al.*, vol. 2. Cambridge, Cambridge University Press, 55.

2. Alfred North Whitehead (1979). *Process and Reality: An Essay in Cosmology*, 2.ª ed. Nueva York, Free Press, 15.

3. Véase «Debate: Do Language Models Need Sensory Grounding for Meaning and Understanding?». (24 de marzo de 2023). New York University Center for Mind, Brain, and Consciousness: https://wp.nyu.edu/consciousness/do-large-language-models -need-sensory-grounding-for-meaning-and-understanding.

4. Lauren Jackson (12 de abril de 2023). «What If A.I. Sentience Is a Question of Degree?». *The New York Times*.

5. Esto es cierto en algunas teorías de la física cuántica, en las que la observación crea un cambio objetivo en la realidad. También es cierto en el sentido de la comprensión humana de una realidad en la que la observación de la IA puede crear un cambio subjetivo; véase Marcelo Gleiser (2015). *The Island of Knowledge*. Nueva York, PublicAffairs, prólogo: «Our perception of what is real evolves with the instruments we use to probe Nature».

6. Véanse los comentarios de Ilya Sutskever en Ross Andersen (24 de julio de 2023). «Does Sam Altman Know What He's Creating?». *The Atlantic.*

7. Para profundizar en la idea del *Homo technicus*, véase Henry A. Kissinger, Eric Schmidt y Daniel Huttenlocher (24 de febrero de 2023). «ChatGPT Heralds an Intellectual Revolution». *The Wall Street Journal.*

CAPÍTULO 4

1. Véase Salvador de Madariaga (1941). *Hernán Cortés: Conqueror of Mexico.* Nueva York, Macmillan, 99.

2. El relato del encuentro entre Cortés y Moctezuma sigue siendo un episodio discutido de la historia. Para los relatos españoles, véase Bernal Díaz del Castillo (finales del siglo XVI). *Historia verdadera de la conquista de la Nueva España*; Hernán Cortés (entre 1519 y 1526). *Cartas de relación*; *El Códice Florentino (Historia general de las cosas de Nueva España)* (finales del siglo XVI); Carta del nuncio apostólico Bernardino de Sagahún, 1524. Para una interpretación alternativa que cuestiona el relato histórico de los españoles, véanse Camilla Townsend (junio de 2003). «Burying the White Gods: New Perspectives on the Conquest of Mexico». *The American Historical Review*, *108*(3), pp. 659-87; los *Anales de Tlatelolco* (siglo XVI); Diego Durán y Alfredo Chavero (1880). «Apéndice. Explicación del códice geroglífico [sic] de Mr. Aubin de la *Historia de las Indias de la Nueva España e Islas de Tierra Firme*». Vol. II, p. 71.

3. G. K. Chesterton, (2002). «Lecture 65: Christendom in Dublin». En *Collected Works*, vol. XX. San Francisco, Ignatius Press.

4. Véase en particular el Kālacakra.

5. Véanse las declaraciones de Chamath Palihapitiya en la Stanford Graduate School of Business (13 de noviembre de 2017): https://www.youtube.com/watch?v=PMotykw0SIk.

6. Véase Alexis de Tocqueville (1835 y 1840). *Democracy in America.* Trad. por Henry Reeve, Esq., en dos volúmenes, Londres, Saunders and Otley (1835) y Nueva York, J. & H.G. Langley (1840).

7. Wang Yangming (tras su muerte en 1529). *Instrucciones para la vida práctica o Registro de la transmisión de la mente (Chuanxilu).* Recopilado póstumamente por sus discípulos a partir de sus enseñanzas y discusiones.

8. Abir Taha (2013). *El superhombre de Nietzsche.* Artkos, Reino Unido, 93.

9. Al-Farabi (1985). *Al-Farabi on the Perfect State.* Trad. Richard Walzer. Oxford, Clarendon Press, 253. Obra publicada en español por la editorial Tecnos en 1995 con el título *La ciudad ideal* (traducción de Manuel Alonso).

10. Véase T.C.A. Raghavan (2017). *Attendant Lords: Bairam Khan y Abdur Rahim.* Uttar Pradesh, HarperCollins.

11. Véase Nicolás Maquiavelo. *The Prince* (2009). Trad. Tim Parks, Londres, Penguin Classics. Obra traducida al español como *El príncipe* por José Sánchez Rojas (1924).

12. Leo Strauss (1959). *What Is Political Philosophy?* Chicago, University of Chicago Press.

13. Véase Johan Norberg (2023). *The Capitalist Manifesto.* Londres, Atlantic Books.

14. León Tolstói (1952). *War and Peace.* Trad. por Louise y Aylmer Maude. Chicago, Encyclopedia Britannica, 646. *Guerra y paz* (2003). Trad. de Lydia Kúper. El Aleph / Planeta, considerada una de las más fieles y completas al original ruso.

15. Véase Friedrich Hayek (septiembre de 1945). «The Use of Knowledge in Society». *The American Economic Review*; y Thomas Sowell (1996). *Knowledge and Decisions.* Nueva York, Basic Books, que profundiza en Hayek.

16. Véase Hannah Arendt (1951). *The Origins of Totalitarianism.* Nueva York, Harcourt, Brace, Jovanovich.

17. Véase Friedrich Hayek (1944). *The Road to Serfdom*. Chicago, University of Chicago Press.

18. Simon McCarthy-Jones (12 de agosto de 2020). «Artificial Intelligence is a totalitarian's dream-here's how to take power back». *The Conversation*: https://theconversation.com /artificial-intelligence-is-a-totalitarians-dream-heres-how-to -take-power-back-143722.

19. Ibidem; véase Yuval Noah Harari (2017). *Homo Deus: A Brief History of Tomorrow*. Nueva York, Harper.

20. Immanuel Kant (2003). *Teoría y práctica*. Trad. Roberto Rodríguez Aramayo. Editorial Tecnos, Madrid, España.

21. Hesíodo (2017). *The Theogony*. Nueva York, Start Publishing; publicado en español bajo el título de *La teogonía* en 1910 y traducido por Luis Segalá y Estalella. Esquilo (2012). *Prometheus Bound*. Trad. Deborah H. Roberts. Indianápolis, Hackett Publishing Company. Publicado en 2007 en español como *Prometeo encadenado,* traducido por Ramón Irigoyen.

22. Inspirado en las palabras pronunciadas por Lawrence H. Summers en el Harvard College China Forum, el 17 de abril de 2022.

23. Véase León Tolstói (1952). *War and Peace*. Trad. por Louise y Aylmer Maude. Chicago, Encyclopedia Britannica. *Guerra y paz* (2003). Trad. de Lydia Kúper. El Aleph / Planeta, considerada una de las más completas y fieles al original ruso.

CAPÍTULO 5

1. Paul Scharre (4 de abril de 2023). «America Can Win the AI Race». *Foreign Affairs*.

2. William J. Broad *et al.* (15 de enero de 2011). «Israeli Test on Worm Called Crucial in Iran Nuclear Delay». *The New York Times*.

3. Entrevista con Darío Amodei, director general de Anthropic, realizada por Dwarkesh Patel: https://www.dwarkeshpatel.com/p/dario-amodei#details.

4. Jeremy Hsu (4 de diciembre de 2023). «China's first underwater data centre is being installed». *The New Scientist*.

5. Walter Pincus (27 de julio de 1979). «Soviets Had Chance to Develop First A-Bomb, Historian Says». *The Washington Post*.

6. Graham Allison y Eric Schmidt (agosto de 2020). «Is China Beating the U.S. to AI Supremacy?». Proyecto «Evitar una guerra entre grandes potencias» de la Harvard Kennedy School Belfer Center for Science and International Affairs: https://www.belfercenter.org/sites/default/files/2020-08/AISupremacy.pdf.

7. Google DeepMind y Meta AI ya han creado programas que han vencido a expertos en el juego de la Diplomacia: Google DeepMind. János Kramár, Tom Eccles *et al.* (6 de diciembre de 2022). «Negotiation and honesty in artificial intelligence methods for the board game of Diplomacy». *Nature*; Meta: Meta Fundamental AI Research Diplomacy Team (FAIR) (22 de noviembre de 2022). «Human-level play in the game of Diplomacy by combining language models with strategic reasoning». *Science*; la Academia China de Ciencias ha ido un paso más allá y ha construido algoritmos de aprendizaje automático entrenados en bases de datos gubernamentales que están utilizando los diplomáticos chinos para evaluar riesgos en la investigación de proyectos de inversión extranjera y en la predicción de eventos como la agitación política o los ataques terroristas; Stephen Chen (30 de julio de 2018). «Artificial intelligence, immune to fear or favor, is helping to make China's foreign policy». *South China Morning Post*.

8. Véase Heródoto (1904). *Histories of Herodotus*. Trad. Henry Cary. Nueva York, D. Appleton and Company.

9. Véase Frank McLynn (2015). *Genghis Khan: His Conquests, His Empire, His Legacy*. Filadelfia, Da Capo Press, 259.

10. Véase la sección conocida como «Gylfaginning» (*The Beginning of Gylfi*) en Snorri Sturluson, *The Prose Edda*, principios del siglo XIII, presentada como un diálogo entre la figura mitológica Gylfi, que representa a un rey humano, y los tres dioses Hárr, Jafnhárr y Þriði.

11. Véase Flo Read (12 de noviembre de 2023). «Nick Bostrom: Will AI lead to tyranny?». *UnHerd*:
https://unherd.com/2023/11/nick-bostrom-will-ai-lead-to-tyranny.

12. Nick Bostrom (noviembre de 2019). «The Vulnerable World Hypothesis». *Global Policy, 10*(4).

13. Roger Crowley (2005). *Constantinople: The Last Great Siege 1453*. Londres, Faber and Faber, 91.

14. Véase el antiguo concepto histórico y literario de «filacteria», un «artefacto del alma» mágico que, según se dice, utilizan algunos hechiceros para anclar sus almas al mundo físico y conservar su inteligencia y mente en caso de que su cuerpo material sea destruido. Mientras la filacteria permanezca intacta, el hechicero no podrá morir de forma permanente, por lo que suele ocultarla. Los relatos nórdicos (*La leyenda del gigante de la montaña*) hablan de hombres o gigantes que guardan sus corazones en otro lugar para seguir siendo inmortales a pesar de ser heridos en batalla.

15. G. K. Chesterton (14 de enero de 1911). *The Illustrated London News*. Citado en https://www.chesterton.org/quotations/war-and-politics.

16. Henry A. Kissinger (1994). *Diplomacy*. Nueva York: Simon & Schuster, 1.

17. Henry A. Kissinger (1957). *Nuclear Weapons and Foreign Policy*. Nueva York, Harper & Brothers, 429.

CAPÍTULO 6

1. Elias Lönnrot (1835). *Kalevala*. Recopilado a partir de antiguas baladas, canciones líricas y conjuros finlandeses-carelios que formaban parte de la tradición oral finlandesa.

2. Hanna-Ilona Härmävaara (23 de septiembre de 2019). «The myth of the Sampo-an infinite source of fortune and greed-Hanna-Ilona Härmävaara» [Vídeo]. TED-Ed Animations:
https://www.youtube.com/watch?v=71fLFOjruFc.

3. *Mahabharata* (alrededor del siglo IV a. C.). «Adi Parva» [Libro del principio], «Vana Parva» [Libro del bosque]. «Caldron of the Dagda» aparece en el relato épico irlandés *The Second Battle of Mag Tuired*, (texto irlandés medieval compuesto probablemente en la Edad Media, en torno a los siglos XI o XII). El «mazo mágico» tiene su origen en el cuento popular *Uchide-no-Kozuchi*, que se traduce como «El pequeño martillo mágico», y está asociado al héroe legendario Urashima Taro, grabado y recopilado durante el periodo Edo (1603-1868) o antes.

4. Véase Sam Altman (16 de marzo de 2021). «Moore's Law for Everything»: https://moores.samaltman.com. Una traducción parcial y adaptada está disponible en el artículo «Sam Altman: la ley fundamental de la IA», publicado por *Le Grand Continent* el 14 de abril de 2023, que presenta una versión en español del ensayo «La Ley de Moore extendida a todo», aunque con algunas adaptaciones y comentarios adicionales: https://legrandcontinent.eu/es/2023/04/14/sam-altman-la-ley-fundamental-de-la-ia/.

5. Véase Greg Kohs (13 de marzo de 2020). *AlphaGo-The Movie* [Documental]: https://www.youtube.com /watch?v=WXuK6gekU1Y.

6. Tom Simonite (31 de marzo de 2016). «Cómo planea Google resolver la inteligencia artificial», *MIT Technology Review*.

7. A. C. Bhaktivedanta Swami Prabhupāda (trad.) (1978). *El Bhagavad-gītā tal como es*. The Bhaktivedanta Book Trust (BBT), 3:15.

8. Ibidem, 18:41-44. Véase también James Hijiya (junio de 2000). «El Gita de J. Robert Oppenheimer». *Proceedings of the American Philosophical Society, 144*(2).

9. Sam Altman. «Moore's Law for Everything».

10. Ross Andersen (septiembre de 2023). «Does Sam Altman Know What He's Creating?». *The Atlantic*.

11. Véase Daron Acemoglu, *Power and Progress* (Nueva York: PublicAffairs, 2023), donde se analiza cómo la riqueza generada por las tecnologías fundamentales de la Revolución Industrial fue a parar inicialmente a manos de unos pocos países e individuos. Acemoglu argumenta que los hombres eran en realidad bastante creativos e inventivos durante el período medieval, por ejemplo, con muchas innovaciones en la agricultura y el comercio, pero en la visión predominante de ese período había una pequeña élite que argumentaba poseer un poder por la gracia divina y acaparaba todos los ingresos de esa mayor productividad que luego destinaba a catedrales monumentales (algo que no mejoraba de forma significativa la productividad, la salud pública, etc.).

12. Se ha sugerido, por ejemplo, que se debería obligar a las estructuras únicas de gobierno corporativo a tener en cuenta consideraciones no monetarias.

13. Unión Internacional de Telecomunicaciones (UIT) (12 de septiembre de 2023). «Population of global offline continues steady decline to 2.6 billion people in 2023». Comunicado de prensa, Ginebra. https://www.itu.int/en/mediacentre/Pages/PR-2023-09-12-universal-and-meaningful-connectivity-by-2030.aspx.

14. Jay Olson *et al.* (2022). «Smartphone addiction is increasing across the world: A meta-analysis of 24 countries». *Computers in Human Behavior*, 129, 107138.

15. El término «máquina de experiencias» se ha tomado de Robert Nozick (1974). *Anarchy, State, and Utopía*. Oxford, Reino Unido, Blackwell, 42.

16. Inspirado en la carta fundacional de la Universidad de Stanford (https://www.stanford.edu/about/history/): «Las universidades son una multiplicidad de institutos, escuelas, laboratorios y departamentos que se fertilizan mutuamente con ideas e innovaciones. Exploramos —en la escuela de ciencias— el código molecular que nos hace humanos, y —en las escuelas de letras— la cultura que es igualmente esencial para nuestra humanidad. Nacido del compromiso de la universidad con la búsqueda y la apreciación del conocimiento...».

17. Viktor Frankl (2006). *Man's Search for Meaning*. Boston, Beacon Press, 6: «La vida no es principalmente una búsqueda de placer, como creía Freud, o una búsqueda de poder, como enseñaba Alfred Adler, sino una búsqueda de sentido». Tomado del prefacio del rabino Harold Kushner.

18. Las «cuatro artes» (*si yi*) son *qin* (un instrumento de cuerda), *qi* (el juego de mesa de estrategia go), *shu* (caligrafía) y *hua* (pintura china).

19. Véase Erik Hoel (16 de marzo de 2022). «Why we stopped making Einsteins». *The Intrinsic Perspective Substack*: https://www.theintrinsicperspective.com/p/why-we-stopped-making-einsteins.

20. León Tolstói (2023). *Confesión*. Trad. Marta Rebón. Navona Editorial, 55.

CAPÍTULO 7

1. Véase Donella H. Meadows (2008). *Thinking in Systems*. White River Junction, VT, Chelsea Green Publishing.

2. En la actualidad, el número de personas que mueren de forma natural por vejez sigue siendo mayor que el de fallecimientos por causas no naturales, por ejemplo, enfermedad.

3. Antoine de Jussieu trajo plantas de café desde Java hasta París. Véase Deligeorges *et al.* (2004). *Le Jardin des Plantes et le Museum National d'Histoire Naturelle*. París, Patrimoine, 13-15. Le Jardin des Plantes fue creado originalmente en 1635 por los médicos del rey Luis XIII para albergar el jardín real de hierbas medicinales, supervisado por ellos para Su Majestad Real. El rey Luis XIII murió el 14 de mayo de 1643, a la edad de 41 años. Para la expedición científica al Amazonas, véase la misión geodésica francesa a la Real Audiencia de Quito en el siglo XVIII.

4. Véase Sima Qian (1993). *Records of the Grand Historian: Han Dynasty II*. Nueva York, Columbia University Press.

5. Jack London, citado por su albacea literario, Irving Shepard, en la introducción a una colección de relatos de London. Jack London (1965). *Jack London's Tales of Adventure*. Ed. Irving Shepard, Springdale, AR: Hanover House, vii.

6. Tolstói cita a Sócrates en *Confesión* (2023). Trad. Marta Rebón. Navona Editorial, 55: «No nos acercamos a la verdad sino en la medida en que nos alejamos de la vida —dice Sócrates preparándose para morir—. ¿Por qué nosotros, que amamos la verdad, nos esforzamos en la vida? Para liberarnos del cuerpo y de todos los males que resultan de la vida del cuerpo. Si esto es así, ¿cómo no vamos a alegrarnos cuando la muerte se aproxima?». Sócrates discute esto en las secciones 62-69 del *Fedón* de Platón, cuando sus amigos van a verlo por última vez antes de su ejecución.

7. Las creencias religiosas de von Neumann (o la falta de ellas) han sido objeto de muchas discusiones. Judío de nacimiento, aceptó el bautismo católico en 1930 para poder casarse, aunque no practicaba la fe y algunos de sus colegas lo consideraban un «completo agnóstico». Por eso les sorprendió mucho que von Neumann, al morir de cáncer en el hospital, buscara los servicios de un sacerdote católico, el padre Anselm Strittmatter, O. S. B. (*Ordo Sancti Benedicti*), quien lo confesó y le administró los últimos sacramentos de la Iglesia católica. Sociedad de Científicos Católicos, Científicos Católicos del Pasado, John von Neumann: https://catholicscientists.org /scientists-of-the-past/john-von-neumann.

8. Maurice York y Rick Spaulding (2008). *Ralph Waldo Emerson: The Infinitude of the Private Man*; Robert D. Richardson (1995). *Emerson: The Mind on Fire*; Ronald Bosco y Joel Myerson (2005). *The Selected Lectures of Ralph Waldo Emerson*.

9. Ralph Waldo Emerson (1904). *The Complete Works of Ralph Waldo Emerson*. Boston, Houghton Mifflin, vol. 4, nº 12; Conferencia de Ralph Waldo Emerson (5 de noviembre de 1833). «The Uses of Natural History» para la Boston Natural History Society en el Masonic Temple de Boston. Más tarde completada, perfeccionada y publicada en su primer libro, *Naturaleza*, en 1836.

10. El *Jardin royal des plantes médicinales* se fundó en 1635; la Revolución francesa comenzó en 1789; la Galería de la Evolución se inauguró en 1889. La idea de la evolución (sin incluir la selección natural como su mecanismo) fue escrita por 70 individuos diferentes entre 1748-1859, el año en que Darwin publicó *Sobre el origen de las especies*.

11. El término «edad de hielo» puede inducir a error, ya que las edades de hielo se clasifican técnicamente como una mezcla de glaciares en avance (**glaciares**) o glaciares en retroceso (**interglaciares**). Aunque los interglaciares son relativamente cálidos, siguen formando parte de una época glaciar. Nuestro período actual todavía resulta ser técnicamente clasificado como una edad de hielo, ya que ahora mismo existimos en una época interglaciar.

12. Fiódor Dostoievski (2013). *Los hermanos Karamázov*. Trad. Fernando Otero y Marta Sánchez-Nieves, con la colaboración de Marta Rebón (Libro III). Alba Editorial, Barcelona.

13. Según cómo se cuente o según otras estimaciones, la Tierra ha sufrido hasta veinte extinciones masivas. Algunas siguen siendo objeto de debate hoy en día.

14. Ponencia del Dr. David Keith en la Conferencia Nobel del Gustavus Adolphus College (25 de septiembre de 2019): «How Might Solar Geoengineering Fit into Sound Climate Policy [¿Cómo encajar la geoingeniería solar en una política climática sensata?]»: https://www.youtube.com/watch?v=la1AWdmRsMc&t=234s.

15. El «reciclaje de calcio» o *calcium looping* es un proceso propuesto por primera vez en 1999 por químicos japoneses, que se utiliza en tecnologías de captura directa de aire. Véase Shimizu, Hirama y Hosoda (enero de 1999). «A Twin Fluid-Bed Reactor for Removal of CO2 from Combustion Processes». *Chemical Engineering Research and Design*, 77(1), 62-68.

16. Las estimaciones son complejas e imprecisas, pero la mayoría de los análisis sobre esta cuestión arrojan plazos que difieren solo en décadas. Se pueden consultar varios análisis de la Administración de Información Energética de EE. UU., Stanford, BP y el Instituto de Energía. Pocas fuentes confiables consideran que las reservas de petróleo y gas —basadas en las tasas actuales y proyectadas de producción y consumo— duren más de 100 años y para el carbón, más de 200 años.

17. Nemonte Nenquimo (12 de octubre de 2020). «Este es mi mensaje al mundo occidental: vuestra civilización está matando la vida en la Tierra», *The Guardian*. Nenquimo es miembro de la Nación Waorani de la región amazónica de Ecuador.

18. Discurso de Winston Churchill «Lucharemos en las playas», pronunciado ante la Cámara de los Comunes el 4 de junio de 1940: «El Nuevo Mundo, con todo su poder y su fuerza, sale al rescate y a la liberación del viejo». Véase *Never Give In! The Best of Winston Churchill's Speeches*. Londres, Pimlico, 2004, 218.

19. Véase Ross Andersen (15 de diciembre de 2017). «What Happens If China Makes First Contact?». *The Atlantic*.

20. Peter Ma *et al.* (30 de enero de 2023). «A deep-learning search for technosignatures from 820 nearby stars». *Nature Astronomy* 7, 492-502.

21. Se refiere a la Kaaba, que alberga una piedra negra caída del cielo, que une el cielo y la tierra, expuesta en el centro de la Masyid al-Haram en La Meca, Arabia Saudí.

22. Yeshaya Elazar (29 de noviembre de 2009). «Kefitzat Haderech: What's the Message of This Rare Form of Divine Intervention?». Chizuk Shaya (blog): https://www.chizukshaya.com/2009/11/kefitzat—aderech.html.

23. Stephen Hawking y Leonard Mlodinow (2010). *El gran diseño*. Editorial Crítica.

CAPÍTULO 8

1. Para más información sobre el uso de las BCI para la coevolución con la inteligencia artificial, véase Nick Bostrom (2014). *Superintelligence: Paths, Dangers, Strategies*. Oxford, Oxford University Press, 63-67; «Brain-Computer Interfaces and AI Alignment» (28 de agosto de 2021). *LessWrong*: lesswrong.com; Tim Urban (20 de abril de 2017). «Neuralink and the Brain's Magical Future». *Wait But Why*: waitbutwhy.com; la declaración de principios informal de Neuralink es «Si no puedes vencerlos, únete a ellos». Véase el tuit original de Elon Musk (9 de julio de 2020): https://twitter.com/elonmusk /status/1281121339584114691?lang=en.

2. Véase Charles Darwin (2007). *El origen de las especies*. Alianza Editorial.

3. Véase Erich Jantsch (1980). *The Self-organizing Universe*. Oxford, Reino Unido, Pergamon Press.

4. Daniel Dennett (2017). *From Bacteria to Bach and Back: The Evolution of Minds*. Nueva York, W. W. Norton, 206. Dennett cita a Rogers y Ehrlich (2008), en un estudio sobre la evolución de la canoa polinesia, que a su vez citan al filósofo francés Alain Badiou ([1908] 1956) sobre barcos pesqueros en Bretaña. Para profundizar un poco más, véase Edward Lee (18 de septiembre de 2017). «Coevolution of human and artificial intelligence». Berkeley Blogs: https://news.berkeley.edu/2017 /09/18/coevolution-of-human-and-artificial-intelligences.

5. León Tolstói (2023). *Confesión*. Trad. Marta Rebón. Navona Editorial: «Fui puesto en un bote (no recuerdo cuándo) y empujado desde una orilla desconocida, se me mostró la dirección de la orilla opuesta, pusieron remos en mis manos inexpertas y me dejaron solo. Remé lo mejor que pude y avancé; pero cuanto más me acercaba al centro de la corriente, más rápida se volvía la corriente que me alejaba de mi objetivo y más frecuentemente encontraba a otros, como yo, arrastrados por la corriente. [...] Y me dejé llevar con ellos. Y fui llevado lejos; tan lejos que oí el rugido de los rápidos en los que debía ser destrozado, y vi botes destrozados en ellos. Y me recuperé».

6. Laurance Rockefeller, Henry Kissinger *et al.* (1961). *Prospect for America: The Rockefeller Panel Reports.* Nueva York: Doubleday, xv.

7. El relato más completo se encuentra en la descripción del viejo sátiro Sileno, tutor de Dionisio, en la *Metamorfosis* de Ovidio (año 8 d. C.). Libro 2, línea 110; existen otras versiones en la *Política* de Aristóteles (siglo IV a. C.) y en los escritos de Alejandro Polihistor (siglo I a. C.); Ariel Conn (12 de diciembre de 2016). «Artificial Intelligence and the King Midas Problem»: https://futureoflife.org/ai /artificial— intelligence—king—midas—problem.

8. Ron Clements *et al.* (1992). *Aladdín* [película]. Disney, EE. UU. Basado en el cuento popular *La lámpara maravillosa de Aladino*, compartido por el narrador sirio Hanna Diyab en 1704 e incorporado por el traductor francés Antoine Galland a *Las mil y una noches*.

9. El Center for AI Safety esbozó recientemente el grupo de riesgos existenciales que podría plantear para la humanidad el desarrollo por parte de la IA de capacidades y objetivos como la autoconservación. Véase Dan Hendrycks y Mantas Mazeika (13 de junio de 2022). «X-Risk Analysis for AI Research». *arXiv*.

10. Véase Kevin Hurler (16 de marzo de 2023). «Chat-GPT Pretended to Be Blind and Tricked a Human into Solving a CAPTCHA». *Gizmodo*: https://gizmodo.com/gpt4-open-ai-chatbot-task-rabbit-chatgpt-1850227471. Los investigadores encargaron a un robot que superara un ReCaptcha: una barrera digital diseñada para permitir el acceso a determinados sistemas solo a usuarios humanos. El bot contrató a un humano en TaskRabbit, un servicio en línea que pone en contacto a usuarios con personas que realizan tareas a corto plazo (normalmente, limpiar un apartamento o pasear a un perro), para que resolviera el CAPTCHA. El humano contratado, sospechando de la petición, preguntó si el bot era en realidad un robot y si por eso no podía resolver el CAPTCHA. Mintiendo, el bot le dijo al humano real que él, el bot, era un humano ciego. Se desconoce si esto se debió a que el bot no disponía de entradas textuales en las que un bot respondiera con la verdad a una pregunta de este tipo o a que el bot dedujo que no alcanzaría su objetivo si decía la verdad. En cualquier caso, el humano que recibía las comunicaciones del bot hizo lo que este le había pedido.

11. Eliezer Yudkowsky (29 de marzo de 2023). «Pausing AI Developments Isn't Enough. We Need to Shut It All Down». Revista *TIME*.

12. Pierre Bourdieu (1977). *Outline of a Theory of Practice*. Cambridge, Reino Unido, Press Syndicate of the University of Cambridge, 164.

13. Discurso de graduación del 22 de mayo de 2023 del exdecano de la Facultad de Derecho de Yale, Guido Calabresi, Facultad de Derecho de Yale. La cita específica es una referencia a 1 Corintios 10:12.

14. Arthur Schopenhauer ([1903] 2025). *Sobre la base de la moralidad*. Editorial Continental.

CONCLUSIONES

1. George S. Viereck (1930). *Glimpses of the Great*. Londres, Duckworth, p. 373.

ÍNDICE ALFABÉTICO

B

Badiou, Alain, 212, 256n4
Bairam, Khan, 123
biología
  avanzada, 91
  humana, 60, 79, 209
  sintética, 151, 192
Bostrom, Nick, 97, 152
Bourdieu, Pierre, 220

C

cambio climático, 100, 151, 196, 199
capitalismo, 118, 172-173
carrera espacial, 45–46
Center for AI Safety, 257n9
centros de datos, 84, 141, 157
cerebro, 67–92
  diferencia de modelos de IA y, 84
  en piloto automático, 72
  entrenamiento del, 69–72
  escala física del, 83–85
  IA comparada con, 86–92
  inferencia y, 72–73
  procesamiento predictivo del, 87
  razonamiento superior y, 91
  redes neuronales, 70
  relación entre el tamaño del, 84
  replicación inorgánica del, 69
  velocidad para procesar información, 72–73
ChatGPT, 21, 64, 243n3
Chesterton, G. K., 115–116, 157

China, 9, 20, 22, 28, 46, 54, 118, 122, 134, 149, 199, 242, 252n18
Churchill, Winston, 199, 255n18
ciencia, 187–203
  e ingeniería de la Tierra, 195–199
  y espacio, 199
  y jardín de la medicina, 188–194
Clarke, Arthur C., 30
coevolución, 209–214
  biológica, 209
comunicación digital, 57
comunismo, 27
conciencia, 96–100
convicciones morales, 237–238
corporaciones, 68, 160, 243n1
corporeidad, 100–102
Cortés, Hernán, 112, 245

D

Darwin, Charles, 81, 211, 243n5, 254n10
decisiones estratégicas, 137
DeepMind, laboratorio, 63, 168, 189, 248n7
democracias, 119, 121, 170
Deng Xiaoping, 118
desarrollo
  de la IA, 66
  de la informática, 66
Descartes, René, 95
descubrimiento(s), 41–66
  como una capacidad de la especie humana, 41–43, 48–49